青少年成长教育读本

学生行为规范读本

李　珅 ◆ 编著

吉林人民出版社

图书在版编目(CIP)数据

学生行为规范读本 / 李珅编著. —— 长春 : 吉林人民出版社, 2012.5

(青少年成长教育读本)

ISBN 978-7-206-09038-7

Ⅰ.①学… Ⅱ.①李… Ⅲ.①中学生 – 道德规范
Ⅳ.①G635.5

中国版本图书馆CIP数据核字(2012)第112123号

学生行为规范读本
XUESHENG XINGWEI GUIFAN DUBEN

编　著:李　珅

责任编辑:郭雪飞　　　　　　　　封面设计:七　洱

吉林人民出版社出版 发行(长春市人民大街7548号　邮政编码:130022)

印　　刷:北京市一鑫印务有限公司

开　　本:670mm×950mm　　1/16

印　　张:10　　　　　　　　　　字　　数:70千字

标准书号:978-7-206-09038-7

版　　次:2012年7月第1版　　　　印　　次:2021年8月第2次印刷

定　　价:35.00元

如发现印装质量问题,影响阅读,请与出版社联系调换。

目　录

真诚友爱　礼貌待人

团结友爱，礼尚往来 …………………………… 1

注重语言和行为礼貌 …………………………… 2

谦恭礼让，和睦相处 …………………………… 5

尊老爱幼，树新风 ……………………………… 8

为残疾人的自强不息奉献爱心 ………………… 10

尊师重教好风尚 ………………………………… 12

"结拜"不是团结 ……………………………… 15

侮辱性绰号损害人格 …………………………… 17

开玩笑应注意的问题 …………………………… 18

不欺弱少，互相提携 …………………………… 20

自我批评，坦诚认错 …………………………… 22

待客热情，起立迎送 …………………………………… 25

常为邻里着想 …………………………………………… 27

干扰他人缺德，偷拆信件违法 ………………………… 29

守信守时，人格升华 …………………………………… 33

诚实无价，宁死不撒谎 ………………………………… 35

借人钱物要归还 ………………………………………… 37

遵守纪律　勤奋学习

纪律是做好一切工作的前提条件 ……………………… 39

敬礼国旗，高唱国歌 …………………………………… 39

升旗仪式的要领 ………………………………………… 40

在集体活动中锻炼自己 ………………………………… 42

一次不寻常的文体活动 ………………………………… 45

做好值日工作，培养小主人翁精神 …………………… 46

卫生红旗掉了以后 ……………………………………… 47

在图书馆里应该怎样做 ………………………………… 48

为送回人格尊严而呐喊 …………………… 50

爱护公物，从我做起 ……………………… 50

保护国家集体财产的英雄榜样 …………… 52

一个爱护公物的好同学 …………………… 53

做学生最起码的要求 ……………………… 55

专心听讲是读书的重要环节 ……………… 56

专注精神成大器 …………………………… 57

学问靠"问" ………………………………… 59

拖延时间，人生的大敌 …………………… 59

中小学生治学要领 ………………………… 62

考试作弊，欺人自欺 ……………………… 63

科学安排课余活动 ………………………… 66

遵守食堂公约 ……………………………… 68

遵守宿舍公约 ……………………………… 69

自尊自爱　注重仪表

自尊自爱　品德纯美 ……………………… 71

坐、立、行走、读书写字姿势要端正 …………………… 71

仪表，反映人的精神面貌 ………………………………… 73

贪慕虚荣终害己 …………………………………………… 74

举止文雅，大方得体 ……………………………………… 75

微笑是自信的表示，信任的开始 ………………………… 76

中小学生喝酒、吸烟危害大 ……………………………… 78

一个少年豪饮者的不幸 …………………………………… 80

不随地吐痰，不乱扔纸屑果皮 …………………………… 81

不打架骂人，不说脏话 …………………………………… 81

不赌博，不炒股 …………………………………………… 83

不看迷信的坏书刊、录像，不参加迷信活动 ………… 87

铺着鲜花的陷阱 …………………………………………… 88

爱名惜誉护人格 …………………………………………… 90

一切为了祖国的尊严 ……………………………………… 93

遵守公德　严于律己

什么是社会公德 …………………………………………… 96

中小学生常见的交通事故 …………………………… 97

要遵守交通安全规则 ………………………………… 98

街巷踢球闯大祸 ……………………………………… 100

设身处地，替他人着想 ……………………………… 102

社会生活，要讲秩序 ………………………………… 104

爱护公共设施和文物古迹 …………………………… 106

环保，当代的新公德 ………………………………… 108

在影剧院里的正确做法 ……………………………… 110

电影院里违规受罚 …………………………………… 111

美好情操暖人心 ……………………………………… 112

什么是见义勇为 ……………………………………… 116

让我们见义勇为当英雄 ……………………………… 117

遇到坏人坏事要见义勇为 …………………………… 119

勤劳俭朴　孝敬父母

生活要规律 …………………………………………… 121

严守生活规律的伟人 ················ 122

自己能做的事自己做 ················ 125

勇敢走自己的路 ················ 128

十指不沾水，刀割指头手烧伤 ················ 130

以俭为荣，以奢为耻 ················ 131

成由勤俭，败由奢 ················ 132

父母恩，深似海 ················ 134

孝敬长辈，体贴父母 ················ 137

真诚友爱　礼貌待人

团结友爱，礼尚往来

团结友爱，是与同学相处时应具有的优良品德。

有一支歌这样唱："团结就是力量，这力量是铁，这力量是钢，比铁还硬，比钢还强。"这说明了团结重要意义。古时候，有一个做父亲的养了三个孩子，这三个孩子平时从不团结。父亲到临终的时候把三个孩子叫到床前，让三个孩子折筷子，首先让他们折一根，轻而易举地折断了，再折两根，就不那么容易断了，再折一把就终于折不断了，三个孩子顿时明白了父亲的用意，以后再也不闹分裂了，团结起来振兴了家业。这对我们青少年是有启发的。

团结是搞好学习和一切工作的前提。没有做到这一点，一个班、一个中队就难以有良好的纪律和秩序，就不会形成好的班风，也不利于每个同学的成长。团结是重要的，它必须以同学们的相互友爱为基础，在日常学习、生活和娱乐玩耍中，互相关心，互相爱护，互相帮助，不打架，不骂人，善良和睦，礼尚往来，这才有利于团结友爱气氛的形成，达到团结友爱的目的。

注重语言和行为礼貌

青少年在养成文明礼貌习惯过程中，语言文明礼貌是十分重要的。语言是交际的工具，它传递出人的思想感情，反映出一个人的精神面貌。语言上的文明礼貌能架起人与人之间的情感桥梁，能使本是陌生人的距离缩短拉近，使人迅速沟通，亲切接近。相反，如果语言不文明礼貌，会使亲人朋友疏远，造成许多误会和不理解，产生许多不愉快甚至不堪设想的后果。"良言一句三冬暖，恶语伤人六月寒。"这就说明了语言礼貌的重要性。恭敬有礼的话语温暖人心，能提高语言的交际效能，美化人的生活；恶语伤人，言词粗野，就会使人际关系变得紧张、冷淡，甚至败坏社会风气。

对人说话文明有礼，对中小学生而言，应该具体理解十个起码要求：①早上遇到家人、老师、同学、邻居时，切勿忘了说声"早上好"；②要别人帮忙时说"请"；③得到他人帮忙后说声"辛苦了"或"谢谢"；④不小心影响了别人休息或工作时说声"对不起，请原谅"；⑤别人不小心影响了你，并且向你道歉时，应宽容地说"没关系。不用介意"；⑥与亲友、长辈相见时，要主动热情地说"您好"；⑦与亲友同学分手时说声"再见"；⑧晚上睡觉时要对家人说声"晚安"；⑨别人工作或学习时，有特别事情一定要找他的话，应该说"对不起，先打扰一下"；⑩客人到访，应热情地说"请进来、请坐、请喝茶"；当客人离开时应送客人出门口，并说声"再见"，"有空请再来。"这是养成语言文明礼貌的起码做法。

对中学生来说，以上的要求要严格做到，并能深入理解和运用。中学生年龄较大了，社会交际范围更广。需要结识更多的朋友，扩大人际交流，需要处理更多的事情，与人交际过程中，更应注意使用好礼貌用语，应懂得注意谈话的分寸和讲话的场合，不要破坏环境气氛。谈话时力求做到态度热情诚恳，表情大方，和蔼可亲。无论与什么人交谈或请人帮助都应做到不卑不亢、不骄不躁。不要羞羞答答，躲躲闪闪；要打开天窗说亮话，决不能言不由衷，拐弯抹角，故弄玄虚，说假话，说空话。无论坐着还是站着与人交谈要懂得保持一定的距离，目光要轻松自如地注视对方眼睛，耐心听人谈论，不要到处张望，左顾右盼，给人心不在焉的感觉，那是很坏的习惯。要尊重对方，多用平等、商量的口吻说话，不要盛气凌人，强词夺理，说话时要注意语调的抑扬顿挫，切忌"口水比茶多"，口若悬河、滔滔不绝、唱独角戏，不给别人插嘴说话的机会是极不礼貌的，会使人产生厌烦；对别人好的见解要报以微笑或点头赞同，不是的地方要保留意见，不要立即反驳，让人家说完再发表自己的见解，留心人家的谈话内容，必要时做好笔记；切忌说脏话粗话，与人交谈要注意避讳，一般不宜问妇女的年龄、婚姻状况以及工资收入、家庭财产等私人生活方面的问题，尽量避开对方不愿提及的话题。

青少年在日常生活中，要养成良好的道德品质，就要向不美的语言宣战，就应该做到"六讲六不讲"：讲文明话，不讲低级下流的脏话；讲优雅话，不讲野蛮庸俗的粗话；讲谦虚话，不讲恫吓放肆的野话；讲客气话，不讲恶语伤人的刺话；讲普通话，不讲影响文明的土话；讲和蔼话，不讲强词夺理的气话；讲热情话，不讲态度蛮横的冷话。

在日常生活中，除了常说礼貌用语外，还要注意礼貌行为。的确，礼貌行为也是非常重要的，它是人际关系的润滑剂，但失礼或无礼又往往把自己推向尴尬或麻烦的境地。

例如，拥抱和亲吻是外国场合中流行的，是表示欢迎、祝贺、感谢等隆重礼节。但各个国家的拥抱、亲吻礼又各有"法度"，造仿者应该入境问俗。美国前总统肯尼迪有一次到一个阿拉伯国家进行友好访问，席间出于一个美国人的礼貌，他热切地赞美了王后的美貌，并拥抱、亲吻了这位王后，结果使这位国王强按怒火闷闷不乐，肯尼迪"意外失礼"的原因在于他没有考虑对方国家的传统禁忌。结果，惹起主人勃然大怒，弄不好会招来杀身之祸。可见失礼决非小事。

青少年往往容易做出失礼的事情，造成自己的行动寸步难行。在山东的一个县城，有一青年向老汉问路："喂，到李庄还有多远?"老汉答道："还有800丈左右吧。"那小伙对老汉的回答十分奇怪，问："你们这儿怎不论里而论丈呢?"老人答："这里没有'礼'，你刚才不是也没有礼吗?"年轻人恍然大悟，连声道歉。

可见，文明礼貌是多么重要。

谦恭礼让，和睦相处

谦恭礼让，历来被誉为君子风范，这种人往往具有美好的品德。

　　被尊为万世师表的孔子为人非常谦虚，总认为"三人行必有我师"。的确，金无足赤，人无完人。我们应时时处处向人学习，取人之长补己之短，这样更有利于一个人的成长。我们青少年要修身立德，很重要的是要谦虚谨慎，切勿"夜郎自大"，要知道山外有山，天外有天，人外有人，孤芳自赏是没有好结果的。

　　除了虚心好学，做人还应谦恭礼让。孔融四岁能让梨，这个故事在我国千秋万代永远流传，说明我们这个民族崇尚这种美德。

　　我国古代社会是十分讲究礼仪的，历史上一直倡导人与人之间应以礼相待，请看下面这个故事：古时候的周文王，就有以礼治国的美名。其他诸侯国之间有了纠纷都愿请周文王调解。当时虞芮两国为了一块土地的归属发生争吵，很久不能解决，两国诸侯就去找周文王裁决。一路上，他们看见周文王那里连耕田的人都互相谦让，谁也不越过对方的地界。路上行人也彬彬有礼，令两国诸侯很惭愧，也不好意思再去见周文王了。两人一同往回走，路上就互相谦让，不再争地，还结成了友好邻邦。这是耐人寻味的故事，难道在今天文明社会里，我们还不能做到谦恭礼让？

　　谦恭礼让的范围很广，只要你首先从对方考虑，关心对方，就会时时处处做到礼让，就拿中小学生来说，你可以在吃饭时训练自己的礼让，吃饭的礼仪应该规范化：一是主动帮助摆放碗筷；二是端菜端饭；三是让客人和长辈先入座；四是先叫大家吃饭，大家动筷时自己才动筷；五是吃饭时咀嚼声不要太响；六是不要把喜欢吃的菜拉到自己面前；七是吃饭时如果打喷嚏要转过头，用手绢（手纸）捂住嘴；八是吃完饭后要招呼大家慢吃。这样规范自己吃饭的礼仪，严格训练，就能帮助自己逐步养成良好的行为习惯。推而广之。在其他方面，你也能做到谦恭礼让。

　　文明社会永远需要文质彬彬、温良恭俭让的君子风度。礼让与谦逊一样，有着人格的力量。我们做错了事，扰乱了别人，做出道歉，请求原谅，那是真心诚意的。同样，对影响了自己，扰乱了自己的人以礼让，不斤斤计较，那更显出人格的高贵。但在青少年中有些人就缺乏礼让。有这样一件小事使人想起心里不好受，在学校的单车保管棚，放了许多单车，放学时，小明不小心碰翻了自己的单车，接着也碰翻了小刚的单车，小明红着脸忙不迭作了道歉，可是小刚不服气，对小明又是白眼又是骂，还冲了上来拉着小明的衣领，欲动手打人。小刚太没风度，太不礼让了，一致受到师生们的谴责。

一个人能否谦恭礼让，反映了他的精神面貌，假如我们人人都能谦恭礼让，我们的人际关系将有多好啊。

让我们人人谦恭礼让，和睦相处。

尊老爱幼，树新风

"老吾老，以及人之老；幼吾幼，以及人之幼。"尊老爱幼，是我们中华民族的传统美德，同时也是每一个公民的法律义务。

为什么要养成尊老爱幼的高尚风气呢？我们的老前辈为社会的发展，为儿女的幸福，劳累了大半生，贡献了大半生；同时，老年人经验丰富，阅历广博，是社会的财富，在家中"有一老如有一宝"，而现在已两鬓染霜，年老体衰，甚至疾病缠身，难道我们青少年还不值得去尊敬他们，爱护他们，让他们老有所养，老有所乐；儿童是祖国的希望和未来，他们年幼体弱，自理能力差，要把他们培养成为有用之才，需要全社会给予他们特别的关怀和照顾。

尊敬老人的基本要求：首先，在家里对老人家不仅要从物质生活上给予赡养和照顾，还要在精神上给老人体贴和安慰，不许嫌弃老人、虐待老人，要依照法律义务和道德责任保护老人的合法权益。青少年虽然在经济上还未有这种能力。但起码具有这方面的责任感；再次，青少年要为老人做好事，做实事。例如，帮助老人家洗衣服，擦鞋换袜，端水盆倒痰盂；吃饭时为老人家盛饭挟菜，把最好的留给他们吃；行路时，为老人家提东西，扶老人家过马路；睡觉时，为老人家铺床垫，暖炕头，给老人家盖被子，赶蚊蝇；老人家病了，立即为他请医送药，细心照料，问寒问暖。尊敬老人就是要从小事做起。还有，在公共场所，要尽量为老人家提供方便，力尽所能，尽一片孝心。然而，有的青少年就不是这样，娇生惯养，俨然一个小皇帝，对父母、对爷爷奶奶呼喝如牛，稍不顺心，就拿老人家出气，甚至惩罚老人家，不给他饭吃水喝，缺德无良。处处嫌弃老人家，不是认为他老态龙钟，笨手笨脚，就是认为他唠叨多事，总看老人家不顺眼。有一个14岁的孩子，因为得不到满足，竟然命令爷爷奶奶下跪，骑在背上赶牛般吆喝，用以泄愤，这简直是天理难容之事。这个孩子在社会上也是极端冷漠无情，甚至欺侮老人。这难道是我们所能容忍的吗？

　　爱幼的基本要求是：首先，我们年长的要爱护年少的，引导他们树立崇高的理想，刻苦读书，奋斗成才。在家中帮助指导弟妹复习功课和做好作业，带动他们一起做家务，一起洗衣服，帮助他们克服困难。再次，出门上学要带小同学，要教育小孩子不到水边、山崖旁这些不安全的地方游戏玩耍，要帮助他们过马路，参加公共活动，要自觉维护秩序，确保小同学的安全，任何时候都不欺侮小同学，做他们好榜样，决不能恃强凌弱，打骂和欺骗小孩，见到小孩被欺侮，要见义勇为，敢于和坏人坏事作斗争，坚决维护少年儿童的合法权益。

无数事实说明，一个人如果不懂得尊老爱幼，只知甜不知苦，只知索取不知奉献，只要权利不尽义务。自私冷漠，最终是没有出息，甚至没有好下场。

为残疾人的自强不息奉献爱心

残疾人是社会的"弱者"，他们在一定程度上丧失了劳动能力，甚至丧失了生活的自理能力。对于他们，我们有能力的所有"健全者"都应该伸出援助之手，献出一片爱心，青少年更应该懂得真诚地帮助处于逆境中的残疾人。我们少年儿童现在也还被人关心和提携帮助，也还是社会的"弱者"，但是我们会一天天长大，一天天强健，而断了腿的残疾人却永远也难站得起来，瞎了的人就很难复明，伤残人的不幸是"永远"的，"弱者"的阴影是很难摆得脱的。这样，身壮力健的年轻人对残疾人更应具有同情心，即使你没有金钱和财物的大力援助，但你可以从一点一滴做起，为他们着想，为他们多做一点好事。

你可以为盲人引路，可以为轮椅上的瘫痪者助一把力，可以为不能下楼活动的残疾人前往自来水公司交水费，到供电所交电费，可以为他们读报写信，可以为他们定期做好事，还可以通过共青团组织、少先队组织开展关心残疾人的活动，持之以恒，关爱到永远，也可以单独行动，或把零钱积蓄起来捐给他们，或通过自己力所能及的劳动帮助残疾人渡过难关。关心、帮助残疾人，不在能力大小，重在参与，重在真诚献出一片爱心，以美好的情操炙暖他人的心灵，去吧，多关爱残疾人，他们会感激你的，会因你高尚的行为而鼓足生活的勇气，扬起理想的风帆。

今天，许多地方开展"健残儿童一帮一"大家争当"小天使"的活动。让一个健全的中学生、小学生与残疾儿童交朋友的"一帮一"，从小养成同情人、关心人、帮助人的好习惯，既鼓舞别人也激励自己，那是十分有意义的。社会上有许多残疾儿童，由于种种原因，他们在学习、生活、娱乐上有着许多健全儿童感受不到的困难。因此，健全的孩子与残疾的儿童结交朋友，互相激励，双双自强不息。我们的社会就会多一分温暖，我们的明天就更美好。

让我们为残疾人的自强不息奉献爱心。

尊师重教好风尚

在学校，尊重全体教职工，是中小学生最基本的行为规范。

教者父母心，老师对学生只有奉献而没索取，他（她）无私地把自己的知识全都交给了学生，把自己的爱都默默地献给了学生，自己只是像蜡烛一样，燃烧自己，照亮别人。"受人滴水之恩，当以涌泉相报"，当然我们最需要的是这种精神，一种高尚的尊敬老师、热爱老师的精神。

敬礼，亲爱的老师。

向老师敬礼，是学生一种简单而又形象的"自律"行动，是尊师重教的真情流露。

老师，为我们辛劳，老师为我们奉献一切，我们向他致意，向他敬礼，深情地表达学生们的一份挚爱。

向老师敬礼，要至纯至真，要表里一致。在学校生活，学生要常常向老师集体敬礼。早上，当老师走进教室上课时，班长就会发出"起立"的口令，接着又发出"敬礼"的口令。这时，同学们就应该放下手中的一切，整齐地肃立，紧接着就是全体同学一句亲切的问候："老师好！"然后安坐下来，开始上课。下午上课时，同学们向老师致"敬礼"，问候老师一声"老师辛苦了"的声音从一个个教室传出，形成一股"尊师"热潮。这庄严的礼仪，这声声出自肺腑的礼貌用语、亲切问候，沁入了老师的心田，化作甘泉，化作温馨，化作了老师们对教育事业的默默奉献。

无论上课、下课、集会，我们中小学生都应该有规范化的"尊师礼"。

除了课前课后的集体"尊师礼"需要规范外，还要注意个人对老师的"尊师礼"也要规范：如学生进入老师办公室前，先要向老师"报告"，在得到老师允许后，才能走进教师办公室。来到要找的老师面前，须先立正，敬上一个"尊师礼"，然后讲述"报告"的内容，或"请问"老师一个问题，向老师反映你想要反映的情况。事毕，要道声"谢谢老师，老师再见"，行过礼后，才能离开教师办公室。

中午或下午离校时，在走廊或校园里遇到老师，也要向老师行"尊师礼"，并道声"老师再见"，才能与老师分别。学生离校时也要行规范的"尊师礼"。

平时，在校外遇到老师，无论是在自己班任教的还是在其他班任教的，都要向老师行"尊师礼"，并伴以礼貌用语，如"老师好"，"老师再见"，"老师辛苦了"等。在校外，"尊师礼"也要规范。

中小学生除了行好"尊师礼"外，在文明礼貌方面还要做到下面一些要求：①与教职工见面不管有无上自己的课，都应该行礼，对他们肃然起敬，要用和蔼的目光注视他们，向他们报以微笑。②主动向教职工问候致意，但千万不要直呼姓名，要用尊称，早上见面要主动问"早上好"，晚上离开要道"晚安"，路上相遇要关心他们的去向，"请问老师哪里去，可需要帮忙?"③遇上老师家访要主动带路，亲切接待老师到访，与老师一起向家长汇报在校的学习情况，千万不要在老师家访时躲开或不引见家长。④教职工要求自己帮助时，一定要热情肯干，尽心尽力为教职工做好事，不斤斤计较。⑤无论什么场合，回答教职工或长辈的提问一定要起立，不要站得东倒西歪，吊儿郎当，这是极不礼貌的，起立之后，全神贯注地听讲，领会好师长的问话意图，正确回答问题，回答问题时不要支支吾吾、羞羞答答，应落落大方，懂就懂，不要装懂。⑥接受递送物品时，要起立行礼，并用双手恭敬地接过物品，从心里表示感谢。⑦任何场合都不能打骂教职工，见到有伤害教职工的行为，应立即向上级报告，维护教职工的人格尊严。⑧对有困难的教职工或遇不幸，要主动上门拜访表示亲切的问候。⑨教职工调入调出或退休离任都以崇高的敬意，给予诚挚的慰问，教师节期间，要主动登门拜访老师，与老师共商教学。⑩教职工批评自己要乐意接受，自己对他们提意见更应态度诚恳，心平气静。

"结拜"不是团结

团结就是力量，团结是集体主义精神的体现，如果我们生活在一个不团结的班集体，对于一个学生来说，那是一种不幸，很难设想在一个四分五裂的班集体里有良好的班风和学风，会有很高的学习质量。

所以，团结互助对一个班的集体的行为规范是极为重要的。要团结，就要互相联系，互相沟通，互相尊重，互相关心，互相爱护，互相帮助，不斤斤计较，不为私利。我们要团结，不要分裂，但有些同学常常意气用事，或嫉妒别人，或因鸡毛蒜皮的小事同学反目，或为自己的小利益而结成小圈子，称兄道弟。现在有的学生结拜兄弟，结拜姐妹成风，他们只顾小团体的利益，不顾班级学校的利益，只为贪玩过瘾，不为将来的前途。

在学生中结拜兄弟姐妹，搞小帮派是典型的不团结搞分裂的行为，后果是极坏的。有些学生小团体里流行认姐妹兄弟。何谓"姐妹兄弟"？那就是你认我为哥我认你为妹，你认我为弟我认你为姐……他（她）们常常走在一起进行各种活动，助长人的虚荣心。例如，常听到有女生说：哇！你"哥哥"送这么多漂亮这么贵重的东西给你呀！唉，我那个哥可吝啬死了，我也要去认个又多钱、出手又大方的来做哥哥。进而使同学之间变得猜疑心重。亚芳和亚玲正在谈论各自的结拜哥哥，亚芳说亚玲的"哥哥"如何如何坏，而亚玲呢？却认为亚芳是因为妒嫉她才故意讲她"哥哥"的坏话。以后，这一对形影不离的好朋友，终于反目成仇了。

结拜兄弟结拜姐妹，为讲"义气"，会进一步发展成小帮派，到了这地步，这不但是闹不团结了，更严重的是走向犯罪。现在中学生犯罪的主要现象表现为敲诈、勒索、抢劫、打架斗殴，这些都带有黑社会帮派性质。究其原因，还是中学生中的小帮派所为。这些小帮派模仿武侠小说中的帮派，也讲什么"江湖义气"，"有福同享"，"有难同当"，结果使不少同学误入歧途，有的甚至与社会上的流氓阿飞混在一起，无心向学，走向犯罪的道路。

侮辱性绰号损害人格

起绰号，在学生中是流行的，同学间说说笑笑，有时闹点小幽默，可以增进友好的气氛。但是其中有些同学往往失控，如遇不顺心之事，或闹矛盾，不顾别人的自尊心，或针对人家的生理缺陷或某方面的不足，给人家起侮辱性绰号，这实属有损人格，到了这一步，已经构成违法行为。叫侮辱性绰号，严重挫伤同学的自尊心，影响同学间的团结友好。影响了正常的人际交往，这实在是做学生的一大忌。同学间的许多矛盾都是因叫侮辱性绰号引起的，处理不好是要酿祸的。

刘海东和陈少强，平时是很要好的朋友，学习成绩在班上都是名列前茅的。刘海东左眼严重弱视，所以常眯着眼睛读书写字看东西，而这同学自尊心特别强，他知道自己左眼的缺陷，本来内心已经很痛苦。但很少在父母、师生面前流露。平时，已有同学在他背后议论他，给他起绰号，每每听到有人小声叫他绰号，他就神经紧张，咬牙切齿，恨不得跟他拼了。

这天下课后，同学们在走廊上追逐，玩得痛快，刘海东不小心踩了陈少强一脚，陈少强很不愉快，愤然叫起刘海东侮辱性绰号:"独眼蛇""单眼仔"。引起同学们哄堂大笑。顿时,刘海东觉得自己受到了极大的侮辱,眼里喷着怒火,他当即举起一把凳子朝陈少强砸去,陈少强头部被击中,血流如注。朋友反目了,变成了仇人。……叫侮辱性绰号,引起了违法犯罪,这是何等代价。

这个事件给同学们的教训应该是深刻的,请不要随便给同学起绰号,更不能叫侮辱性绰号,不要以为那样嘻嘻哈哈叫人家不光彩的绰号只为了好玩开心而没其他的事,其实,后果是极其严重。

当铭记,人格不可辱,侮辱人格是违法的。

开玩笑应注意的问题

同学之间除了不叫侮辱性的绰号之外,就是开玩笑也要注意分寸,下面的玩笑值得我们注意:

1. 不要拿别人的生理缺陷或用损他人形象、触犯他人隐私的话来开玩笑。

2. 不要以扣压他人信件和有隐藏他人钥匙等方式来开玩笑,以免陷入窘境。

3. 不要拿别人的长辈、亲属等来开玩笑,否则别人会说你缺德。

4. 不对初交或相互间不太了解的人开玩笑，以免自己陷入窘境。

5. 不在男女之间开不文明的玩笑，否则只会显出开玩笑者的品格低下。

6. 不要在他人因感情、失意、失败或受挫折而心绪不佳时开玩笑。

7. 不能针对某件事或某个人经常地开玩笑，更不应无事生非地开玩笑。

8. 不要在他人与别人发生口角时开玩笑，弄不好会火上加油，造成不良后果。

9. 不要对性情沉郁、谨小慎微的人开玩笑，更不能在他的客人、朋友面前对其开玩笑。

10. 不在比较严肃或悲痛气氛中开玩笑。

不欺弱少，互相提携

我们同学之间，身体上不可能人人都强健如虎。有的长得高大英俊，体质较好，有的长得矮小，体质孱弱；有的思想品德较好，有的未谙世事，不懂礼貌；有的天资聪颖，悟性较高，学习轻松，能取得优异成绩，有的学习方法不够，学习上总是未能取得较大的进步。总之，学生当中，各个方面都是参差不齐的，都有强弱之别，上中下之分。在这里，"强者"不可以恃强骄傲，甚至凌弱，"弱者"不可以自卑，灰心丧气，自甘落后。在学校，任何一个学生都希望自己能通过学习取得良好的成绩，都不甘掉在人后，所以，这时"弱者"更需要帮助，更需要提携。

不欺弱小，互相提携，我们应该做到：

1. 先想想，如果你是一个"弱小"，会是怎样的，应该怎么办？就是说，凡事应设身处地，为他人着想，激励"弱小"鼓足勇气拼搏奋进。

2. 多了解"弱小"同学的难处，多为他（她）分担忧愁，多做好事。

3. 主动亲近他（她）们，和他（她）们打成一片，不分高低，不分强弱，不分智愚，不分贵贱，大家都是同窗好友，永远的好朋友。一个"弱小"得到你的亲近，他（她）会从心里感激你的，他（她）会树立自尊自强的信念，会鼓起对生活的勇气，下定决心，不畏艰苦，排除万难，去争取优异的成绩。

4. 对病残，对贫穷的孩子决不另眼相看，要从小做善事，懂得勤俭节约，尽量把零用钱积蓄起来，慷慨捐赠给最需要的同学。你能常这样做吗？即使是微薄的一元几角几分，也反映了你美好的心灵。形成了习惯，你将来长大走向社会，一定是个乐善好施的、人民拥戴的品德高尚的人。

5. 遇到"弱小"同学有困难，你决不会坐视不理，即使你做着有困难，也要千方百计想尽办法。

6. 生活上多关心"弱小"同学，以美好的情操炙暖他人心灵，学习上要多帮助提携，见到同学学习成绩落后了，不自高自大，盛气凌人，应鼓励他们和自己一道努力并进。

7. 有同学缺席了，功课跟不上，要乐意做"小老师"，课后，登门为他（她）补课。

8. 平时，多和后进生交流学习经验，把自己在学习上悟出的道理告诉他们，鼓励他们超过自己。

你能这样做吗？陈丽雯同学能这样做。她的事迹非常感人，她个性活泼、开朗，和善有礼，勤奋好学，老师同学都夸赞她是个好学生。

她出生在一个富裕的家庭，但没有一点娇生惯养的气息，她勤俭朴素、乐于助人。她不但常为邻里做好事，照顾有病的老奶奶，扶上落楼有困难的老爷爷回家，她更主动关心同学，帮助同学。有一天，有一位小同学突然呕吐，肚痛难忍，丽雯不怕脏，不怕臭，上前背起这位同学到医院看病。没想到到医院后，医生发觉病情最重的竟是丽雯自己。原来她那天发高烧，带病上学，又咬着牙救护同学，加重了病情。这件事，令在场的医生十分感动。

有一次，她参加少先队与贫困地区某小学的"手拉手"活动，她了解到当地小朋友生活困苦，就主动把自己省吃俭用积蓄起来的500多元捐给他们。还有一次，她在公园发现一个3岁的小孩在路旁啼哭，找妈妈，就千方百计打听到小孩的地址并把她送回家，使孩子妈感动得热泪盈眶，直亲着小丽雯的脸蛋，称她"好闺女"。

她读书既用功又聪明，但从来不骄傲自大。在班上，她积极协助老师上好每一堂课，课后又肯和同学交流学习心得体会，班上有同学一连病了七天，在家休息，课程拉了下来，小丽雯和这个同学一样心急，因此，她每天放学后都要让爸爸用摩托车带她到那同学家为那同学补课。家长们直竖起大拇指夸赞小丽雯。现在，全校师生都十分敬佩她，称她为：小老师。

小丽雯真是我们学习的好榜样。

自我批评，坦诚认错

"君子是日三省吾身"，说的是一个具有良好道德修养

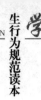

的人每天都能多次地反省自己，也就是多作自多批评。

如果我们同学之间，遇上了矛盾，或自身犯了错误，应该怎样对待，怎样解决？最好的办法就是多作自我批评，从自己身上找原因，想办法，解决问题，化解矛盾，改正错误。金无足赤，人无完人。世上没有不犯错误的人，怕的不是在于犯错误，而在于知道自己错了却不改正，并把错误推给别人。孔子说："过而不改，是谓过矣。"有了过错不改正，有两种情形：一是限于主客观原因，没有意识到自己的错误，把错误推给别人；二是明明错的是自己，却固执己见，不肯承认，不愿改正。形成恶劣的习惯，对自己的健康成长是极不利的。

中国人民的伟大总理周恩来，无论是在艰苦的战争年代，还是在胜利的日子里，他始终严于律己，保持着谦虚谨慎，勇于自我批评的好作风。他经常用"活到老，学到老，改造到老"这句话鞭策自己，勉励别人。

周总理在工作中严谨细致，一丝不苟，许多国内外的人士都不得不折服。但周总理从不标榜自己一贯正确，总是说："我是一个有缺点，犯过错误，目前还有缺点和错误，但又在不断改正自己错误的人。"周总理这样伟大的人都严于解剖自己，善于做自我批评，所以他能一生功绩辉煌，为人民所景仰和爱戴，我们青少年要学习他这种高贵的品质。

再说说华盛顿小时候认错的故事。乔治·华盛顿家里有一个大种植园，里面郁郁葱葱的各种果树排列成行。小华盛经常在里面玩，这一天他趁工人休息的间隙，拿起锋利的砍刀想要像工人那样砍一棵树，他走出树丛，看到不远处有一棵不很粗的小树，就奔了过去，用力挥起砍刀，对着拇指粗的小树砍下去，"咔嚓"一声，小树被砍断了，小华盛兴高采烈回到工人们的身旁。

中午时，华盛顿的父亲回家，正好从被砍倒的树旁经过。他看到自己心爱的樱桃树被砍断，生气极了，一回到家里就怒不可遏问工人："是谁把樱桃树砍断了？"

小华盛顿一听，知道自己闯祸了，心里很紧张。但又怕无辜的工人受牵连。再说自己做错事就应该敢于承认，于是他走到父亲面前，面带愧色地说："爸爸，树是我砍断的。""是你把我喜爱的樱桃树砍倒了？你知道它的价值吗？我要狠狠地揍你！"爸爸怒气冲冲地说。

"爸爸，我做错了事，情愿受罚。"小华盛顿诚恳地说。父亲听了，心想：儿子是诚实的，而且勇于承认错误，这是很宝贵的品质。我怎么能揍你呢！于是对小华盛顿说：

"你肯承认错误的英雄行为，比一千棵樱桃树还有价值。"

诚实的华盛顿长大以后，在北美独立战爆发后，担任了 13 州起义部队总司令。胜利后，被选为美国第一任总统。成为美利坚合众国的奠基人。

伟人们勇于自我批评，犯了错误敢于承认并改正的高贵品质值得我们永远学习。

待客热情，起立迎送

虽然是在校学生，也常常进行一些社交活动，也常常跟家里大人去同学、老师或亲朋戚友家中作客，也要和家里人一起接待来访的同学、老师或亲朋戚友等客人。这里有许多礼仪值得我们注意。

你到别人家作客时，要懂得：

1. 预先约定，不做不速之客。不预先约定同学或老师等不上门拜访，在别人吃饭、休息的时间，你突然来访将使彼此都感不便。

2. 初次登门拜访要特别注意服装整洁，仪表端正，这是表示对主人的尊敬。衣冠不整，邋邋遢遢被视为是失礼的。

3. 进门时要先敲门、按门铃，即使是门开着，也不可贸然闯入，这是失礼的行为。

4. 在主人家中作客不可太随便，不要随手乱翻东西，乱开启人家的电视、音响，未经同意不拿人家的玩具，或到处乱闯，不能随便向主人要这要那，更不能为了想要某样东西，在自己父母身边淘气撒娇，这是极为无礼的行为，它会破坏热情友好的气氛。

5. 在主人家作客，要落落大方，互相尊重，彬彬有礼。

6. 告辞时，应多谢主人的友好款待，若主人家有长辈在家，应特别向长辈告辞。

当老师、同学或其他亲友来访时，你接待客人时要懂得：

1. 做到热情、主动、周到。已与老师同学约好的，事先要做些简单的准备，如把房间打扫干净，把散乱的东西整理好，烧好茶水迎候，还可征得家长同意，买些糖果，并置于方便处。

2. 客人到来后，应起立迎接，或走到门外欢迎，客人进入家中，就请客人坐下，并亲切问候。

3. 送茶递物，都应双手送上，以示敬客，切忌单手送东西，那样被视为不恭。

4. 留客人在家中用餐，就餐时礼敬客人是需要的，但不宜过分，如频频夹菜，勉强客人吃饭，都会使客人拘束不安。

5. 与老师、同学或亲友谈话，要高度集中精神，不要出出进进间断谈话，要聆听师长的教诲，虚心学习。不要在谈话时看书看报或做其他事，这是极不礼貌的。

6. 客人告辞，要站起来相送，要替父母为客人递衣帽、拿东西，但不要把礼让行为做在父母之前，让父母跟客人道别后，接着才是自己跟客人道别，既要尊重父母和家中长辈又要尊敬客人。客人称赞自己时，要报以谦虚的微笑。

7. 送客时，应请客人走在前面，自己走在后面，快到门口时，主动上前替客人把门打开，让客人先出门口，等客人走远了，再与家人一同回到家里。

常为邻里着想

邻里之间，"朝见口，晚见面"，说的是相邻居住的人们，生活在一个小社会里常常见面、接触，有许多事情，需要互相联系，互相关心，互相爱护，互相帮助。只有这样才能团结和睦，生活愉快。

人活在世上，谁家没有生老病死、红白二事，谁不会处于逆境遇上困厄、突然遇上不幸之事，人，确实有"三衰六旺”，那么面对邻里受困遇危，我们应该怎么办？

我们应主动关心和帮助。请献出你的同情心，伸出你援助的双手，为困境中的邻里鼓气助力。

有一对小姐妹从七八岁开始便关心和帮助邻里一个双目失明的王亚婆。每天早上，在妈妈的带动下，很早就起来为王亚婆打扫洗刷、烧水煮早餐，当王亚婆吃着热辣辣香喷喷的早餐时，才与王亚婆道一声"再见"，再上学去。放学后，第一时间就赶到王亚婆家里做这做那。姐妹俩渐渐长大了，妈妈就没带她俩为王亚婆做好事，而是姐妹一起为王亚婆操劳，一年 365 日，风雨不改，从不间断，从小学到中学，一如既往。后来姐姐出嫁了，料理体弱病重的王亚婆的责任全落在妹妹的肩上，而妹妹毫无怨言。王亚婆常常涕泪双流，但不是为自己的不幸而是为自己有这样胜过儿女的好邻居，一对人见人夸的好姐妹而感动异常。

姐妹俩对王亚婆无微不致的关心和帮助，为青少年树立了好榜样。但是，现在有些青少年就不愿意为邻里做好事，对邻居的困难和不幸往往表现出袖手旁观的态度，对困厄中的人们无动于衷、麻木不仁，冷漠无情，这和人类美好人性格格不入。人活着应该富于同情心，你怎么可以没有呢？你应该好好地显示出自己的同情心，常常设身处地替别人着想，理解别人的处境、困厄，善于关心别人，乐于帮助别人，与人为善。生活中，当你的邻居处于逆境时，你应该首先以纯洁温暖的同情心去细致地了解他们处于什么样的困难中，由什么原因所造成。你根据自己的能力能采取什么方式去为他们排忧解难。当然，你有能力帮助不幸的人们走出逆境是最美好的事情。但是，你还小，更重要的是你不能因自己力量单薄而回避向你伸出的求援之手，那怕是一缕向往企盼的目光。你应该积极主动地参与服务邻里、服务社会的行动。

"雪中送炭"，"千里送鹅毛，礼轻情义重。"青少年朋朋友，为你周围的人们献出你的一份爱心吧。即使是你只能做一点点好事，你也是十分高尚的。

品德高尚的人总能常常为邻里着想的。

干扰人缺德，偷拆信件违法

每一个人都有自己生活的小天地，而这爿空间，尤其是他的房间，几乎是属于私人的世界。里面，不仅是他生活、休息，甚至娱乐的地方。同时又是工作和学习研究的地方，并且还是个性"展览"的地方。所以，里面有只属于他自己的秘密，是不允许别人随便窥见和了解的。

比如，房里放着钱和藏着贵重的东西，还有学习研究的重要资料和成果，这些秘密不能随便让人知道。另外，主人的生活习惯在房间里暴露无遗，但却不能随便在人前暴光。的确，每个人都有自己的隐私，你又怎么可以随便进入人家的房间呢？

还有，即使人家允许你进入他的房间，你也应该非常礼貌，先敲门，或按门铃，主人应声了并打开门，说了个"请"字，你才能进入。到了房间里面，不要东张西望，或认为主人的东西摆设新奇有趣，乱翻乱动，问这问那，都是极不礼貌的。如主人正在工作或正在写信写日记，你千万不要站在一旁观看，你应该恭敬地坐在一旁等候主人与你谈话。要谈的话，要问的事，完了，就主动出去，不要打扰别人休息和工作。

如果是异性的房间，一般不要进入。有些主人由家庭环境所限，或住处狭窄，或家里人太多谈话不便，当你前去造访时，即使心里不愿意"请"你到房间来，口里也会佯装"请"的，做客人的要知礼适度，尽量避免进入异性的房间。如果不懂这一条，往往弄出尴尬的事情，甚至闹出麻烦。

有一对中学生，一个叫小王，一个叫小李，他俩都是十分要好的朋友。一天，小王到小李家玩，小李在自己的卧室，小王以为自己跟小李很熟，随便进入小李的卧室，当时小李并不介意，只顾埋头弄电脑，小王就在房间里看这看那，不久他觉得没事便走了出来，也没跟小李打招呼。后来，小李丢失了一只手表，那是在国外定居的外婆送的一只金表。这下可麻烦了，小李和家人都怀疑小王偷了，于是一对好朋友从此反目成仇，小李笃定是小王偷表，小王喊冤叫屈，但又跳进黄河洗不清，为了这件事情，两个家庭的大人们都被卷了进去，并且闹到法庭，满城风雨。后来，小李的手表找到了，全家人很惭愧。虽然是左赔礼右道歉，但毕竟一对要好朋友的心灵受到严重伤害。

"邻人失斧"的事件常有发生，我们得时时处处当心。还有，我们不能偷看人家的隐私，包括日记和其他档案等，更不能拆阅人家的信函、电报，或有偷听别人电话等行为，这不仅不文明礼貌。而且是违法犯罪的行为，我们要从小确立这种法制观念。

我国宪法规定公民的通信自由和通信秘密受法律保护。公民的通信包括书信、电报，电话等各种通信手段，通信自由是指公民可以自由与别人通信，不受别人干涉。通信秘密是指公民的通信内容受法律保护，他人不得非法私拆、毁弃、偷阅。

拆检与扣押公民的信件，只有在下述情况下才是合法的，否则是违法行为，情节严重者，还将受到法律的制裁：

1. 只有公安机关、安全机关或检察机关才有权依有关法律程序决定扣押或拆检公民信件。

2. 公安、安全或检察机关扣押或拆检公民信件有两种理由，一是国家安全的需要，二是追查刑事犯罪的需要。

3. 需扣押的邮件、电报等，如公安机关、安全机关或检察机关认为需要搜查时，公民有义务交出。如公民拒绝交出，可以强行搜查，但必须出示搜查证；紧急情况下，可以不出示搜查证，但必须笔录搜查情况。

认真学习法律知识，加强法制观念，对规范我们的道德行为是极为重要的。

对于未成年的中小学生来说。通信自由同样受法律保护的。《未成年人保护法》第三十一条规定："对未成年人的信件，任何组织和个人不得隐匿、毁弃……"这里当然包括了老师和父母。不少同学为此感到苦恼，认为老师、父母不尊重、不信任自己，有时拆开自己的信件。其实他们这样做也是出于善意的。他们怕你们因缺少生活经验而上当、闯祸，因此总想知道信里的内容是什么。作为孩子和学生，应该理解师长的一片苦心，加强和父母、老师的思想沟通。有朋友来了信，如果有自己把握不准的事情，应主动向师长请教，听取他们的意见。值得注意的是《未成年人保护法》第三十一条同时规定："无行为能力的未成年人的信件由其父母或其他监护人代为开拆。"也即不满10周岁的未成年人作为无民事行为能力人，信件可由父母或其他监护人代为开拆。

有些同学喜欢集邮，一看见别人信封上贴着好看邮票，就忍不住偷偷撕走了，有的甚至毁掉别人的信件，这是很不道德的，也是违法行为。

守信守时，人格升华

我们中华民族历来提倡重然诺，讲信誉。孔子告诫后人说："人而无信，不知其可也？""人如果不守信义，不知道他还怎么可以做人？"这是做人的准则。

"与朋友交，言而有信"，"君子一言，驷马难追"，"一言九鼎"，这都说明重然诺守信的重要性。

我国古代许多英雄人物都是非常重然诺的，三国时代的曹操，紊以治军严明著称。一次行军途中，他下令："老百姓的麦子已成熟，大小将士都要爱护，如有踏坏麦田的一律斩首。"结果是他自己的马受到惊吓，踏坏了一片麦圈，自己当众宣布的纪律，怎能不执行？这事关大局。在那个"身体发肤受之父母，不得毁伤。"的封建社会里，曹操为了不食言，猛然用剑割下自己一绺头发，以代替斩首处罚，以此来彰明军纪，遵守承诺，是很了不起的。后来，曹操的军队纪律更加严明，英勇善战，很快赢得了官渡之战的胜利。

古人尚且如此，我们青少年就不能做到诚实守信吗？诚实守信是一种做人的美德，是我们做人永远要遵循的一条准则。它表现为为人诚挚，履行诺言，说老实话，办老实事，做老实人。它包括：政治生活中，我们要忠于祖国，忠于人民，忠于社会主义事业；在经济生活中，公平交易，恪守合同，反对假冒欺诈；在日常生活中，实事求是，言行一致，反对欺骗；在与人的交往中，开诚布公，以诚相待，反对虚伪。我们要好好地领会和遵守这些基本的道德准则，诚信待己，诚信待人。

守信还要守时。你有守时的良好习惯吗？守不守时间，既体现个人修养，也反映出国民素质。在社交活动中，不守时是小农观念的反映，它不但表现出对他人的不尊重，也往往破坏社交活动的气氛，甚至造成意想不到的后果。

在今天"一寸光阴一寸金"的年代，时间就是生命。一定要养成守时的习惯，对青少年来说养成守时的良好习惯是十分重要的，无论上学还是在家中，我们都不能迟到早退，或不按时作息，答应为老师、为同学、为家长在什么时候做到的事情，一定要依时完成。在学校，你必须依时完成作业，在家中你必须依时做家务，依时复习功课，今天的事今天做，千万不要等明天再干。拖延时间实在是一种恶习，一种惰性的表现。

诚实无价，宁死不撒谎

列宁小时候去他姑妈家，和表妹表弟他们玩，列宁不小心把花瓶打碎了。姑妈问大家是谁打破花瓶的，人人都低着头。顿时，涨红了脸的列宁承认是自己打碎了花瓶。姑妈很快平静下来并没有责怪列宁，反而夸列宁是个诚实的孩子。正是列宁这诚实纯朴的品质养成了他后来伟大的无产阶级思想，成为人类翻身解放的号手。

人的善良出自他的诚实纯朴，美好的人生是从诚实纯朴开始的。而那些贪婪奸诈、恶贯满盈者是绝不会有诚实纯朴的品质，他们的所作所为令人深恶痛绝。然而人的诚实纯朴就像未经雕琢的玉璞放射出璀璨的光辉，若是一个诚实纯朴的、从不撒谎的孩子，就让人觉得特别可爱。

这里说说埃默纽宁死守真言的故事。在美国威斯康星州，埃默纽8岁那年，他的继父母开了一家小酒店。5月的坏天气里，酒店没什么生意，听着继父母在怨天尤人，大骂老天整日下雨，害得顾客都不敢上门。

晚上，来了一个商人住宿，到深夜时分，一声惨叫，把埃默纽从睡梦中惊醒。他跳下床，快步下楼，只见继父骑在那客人身上，正举着锋利的菜刀朝那人头上砍去。父母谋财害命，面对这惨无人道的情景，埃默纽不禁吓得惊叫起来。这一叫，把继父的视线吸引过来，继母飞奔过来，一把揪住他的头发，满脸狰狞地喝道："叫什么？今夜看到的事，对谁也不准说！"埃默纽看着躺在地上的尸体，久久说不出一句话来。继父见他不做回答，走上来，朝他狠狠地打了两个耳光，一面咬牙切齿地说："你要是敢说出去，我就把你活活打死！"继母拽住他的头发，狠命摇晃，要他明确表态。埃默纽喘着气，字字分明地说："我要做一个诚实的人，我不想说谎！"

继父气红了双眼，找来一根绳子，捆住他的手脚，吊在梁上，用皮鞭没头没脑地抽打；继母怕他喊出声音，又用毛巾塞住他的嘴巴。一个8岁的孩子，怎么禁得住这样残暴的拷打，很快就咽下最后一口气。

多行不义必自毙。不多久这对夫妻的罪行终于暴露，他们得到了应有的下场，人们为了纪念至死也不肯说谎的埃默纽，把每年 5 月 2 日定为"诚实节"，以示永志不忘。

借人钱物要归还

借人钱物要及时归还，这是守信誉的反映。

中国人民解放军有一条极为严明的纪律就是不拿群众一针一线，借东西要还。解放战争期间，在河北太行山区，有一个解放军的连队向支援前线的老百姓雇请骡马运输，为了紧急情况借了某大叔一匹马，并留下借据。中华人民共和国成立至今 50 多年了，这件事也渐渐被遗忘了。最近，这位大叔搬家的时候发现这张借据，早已忘却的事情又重现眼前，为了中国人民的翻身解放，莫说一匹马，成千上万的仁人志士都献出了宝贵的生命，他心里很激动，于是想把借据撕掉。但又觉得很有纪念价值。在这大叔看来，他不想得到一匹马了，而觉得自己在解放战争中做了一件很有意义的事情，值得纪念。后来，这件事被当地人民政府知道了。通过与部队联系，却找不到当年的那个连队，于是当地政府根据一匹马的现价偿还给大叔 2000 元，令他感动得热泪纵横，连连说：

"我们解放军能战无不胜就靠这一条。"

这是值得我们永远学习的。青少年一定要在这方面严格约束自己——借人钱物要归还。俗话说："有借无还一次过，有借有还千百次。"有信用的人才会得别人的帮助。你确实需要用钱的，一时又不方便，向同学或老师借了，就应回去告诉家长，及时归还。一般地，做学生的不要借钱，你在学校的学费、书费及其他费用家长已经给缴交了，你生活上吃穿住行的事情也只能由家长解决，其他开支很少，你总是向人借钱，会形成一种坏习惯，肯定会出问题的。

在生活上，我们提倡勤俭节约，艰苦朴素，不要追求时髦。追求吃喝玩乐的享受，这是极其有害的。有一个学生，读小学的时候，还勤俭朴素，到了念初中的时候，由于跟上了社会上不三不四的人，开始进入舞厅、逛商场，沉迷于"哥们儿"的吃喝玩乐里。吃了人家那么多，需要还的，但家里很穷，拿不出钱来，于是就借，借了钱却又无力偿还，恶性循环，债务像滚雪球一样增大，最终被人追杀。到了这地步，他就铤而走险去偷去抢，由一个好学生变成了一个抢劫犯罪团伙的头头，多行不义必自毙，他最终受到了法律的严惩。如果不能正确对待金钱，在这个魔鬼的驱使下，是很容易掉入陷阱的。

遵守纪律 勤奋学习

纪律是做好一切工作的前提条件

要遵守纪律，就是要严格按照学校的规章制度办事，一点也不能马虎。

纪律是做好一切工作的保证。中国共产党领导的人民解放军无论在长期的革命战争中，还是和平时代的建设事业中，之所以攻无不克，战无不胜，之所以能冲破一切艰难险阻，为人民作出重大贡献，成为祖国的钢铁长城，就是因为解放军有铁的纪律，并人人都能严格遵守纪律。

在学校，每一个同学也必须遵守纪律，只有这样，才能有一个良好的学习、生活秩序。如果大家不遵守纪律。那么，我们的学习和一切活动就无法进行。培养社会主义"四有"新人，其中有一条就是"守纪律"。可见，纪律是多么重要。

敬礼国旗，高唱国歌

敬礼，我们的国旗。

面对晨光中徐徐升起的五星红旗，我们感到了一种神圣的职责，感到了时代赋予我们的重大使命。我们要努力把自己培养成为有理想、有道德、有文化、守纪律的社会主义新人。我们在校刻苦学习，明白用智慧和汗水为您谱写新篇章。用战斗的青春捍卫您的纯洁，维护您的尊严，让您永远飘扬在世界的东方，在您的指引下，从胜利走向胜利，向人类理想的社会前进。

这，表达了一个中华儿女的虔诚。

高唱，我们的国歌。

随着五星红旗冉冉上升，国歌的旋律飞翔着，激越昂扬雄浑，在共和国蓝天的每一升空气里，跟我们的心弦一同震颤，国歌诞生在中华儿女拯救民族危亡的战火硝烟中，每一个音符都是火的激情、火的颜色。国歌传唱在中华儿女开拓光辉未来的搏击奋斗中，每一个节拍都是披荆斩棘的铿锵。唱起它迎难而上的信心和勇气倍增，誓作保卫祖国，振兴中华的义勇军。

这是中华儿女深情的心音。

升旗仪式的要领

每周星期一清晨的升旗仪式既是爱国主义教育的一项

重大活动，也是少先队"队礼行动"的一次检阅。"向国旗敬礼"是"队礼行动的一个重要组成部分，所以整个升旗仪式要规范化。"

1. 因为升旗仪式是全校师生最隆重，最严肃认真的爱国主义教育活动，所以大家必须提早到校等候，集队时要做到快、静、齐，不得迟到早退。解散时不得争先恐后，应有秩序离场，从而创造一种爱国的崇高氛围。

2. 要穿整洁的校服，佩戴校章，团员还要佩戴团微，少先队员佩戴红领巾。

3. 敬礼动作整齐划一。当升旗仪式主持人发出"升旗"的口令时，师生们整齐地作出一个立正动作，与此同时，扩音器中传出雄壮的《国歌》前奏。紧接着。主持人发出"敬礼"的口令。少先队员"唰"的一声，千百只小手整齐划一地高举过头，师生们严肃地向国旗行注目礼（少先队行队礼）。奏完国歌后，把手放下，礼毕。这一幕，充分显示出校风校纪的威严、壮观。

4. 国旗下的讲话要认真做好准备，每一次讲话的内容都要结合形势表达全校师生的爱国之情，激励师生们奋发向上。

5. 在国旗下的讲话过程中，师生们以稍息动作认真聆听讲话内容，铭记于心。

6. 在国旗下开展"荣誉活动"要严肃认真。

7. 随着雄壮的《国歌》旋律，大家应放声歌唱，达到振奋民族精神的目的。

8. 升旗仪式的乐队伴奏，要经常在正确的指挥下严格训练，每周要进行 2 至 3 次，以达到纯熟的程度。

在集体活动中锻炼自己

我们要从小养成积极参加集体活动的习惯。只有在集体活动中，才能增强自己的集体主义精神，为集体增光，培养自己的荣誉感；只有在集体活动中，才能使自己和周围的人们容易沟通，关系融洽，打成一片；只有在集体活动中，才能显示出自己的才华，才能在和别人比较中找出自己德智体各方面的差距，取长补短，不断进步；也只有经常参加集体活动，才能避免孤陋寡闻、性格怪僻，陶冶性情，有益身心健康。学校组织的活动是丰富多彩的，同学们应该积极参加。

1. 积极参加学雷锋、学英雄榜样的活动。在这样的活动中，学习雷锋全心全意为人民服务的思想，发扬钉子精神，时苦学习；树立革命英雄主义正气，不怕苦，不怕死，百折不挠，见义勇为。在困难和危急面前无所畏惧，挺身而出。

2. 积极参加学校开展的互助活动，如"手拉手"活动。"健残儿童一帮一"活动，为贫困或不幸的人们献爱心，使自己养成和周围的人们互相关心，互相爱护、互相帮助的好习惯。

3. 热爱学校的公益活动。积极为全校师生做好事，参加各种义务劳动和勤工俭学活动，在改善师生生活和学习条件中作出自己的贡献。

4. 积极参加各类谈心活动，敢于并诚恳地与师生交流学习心得体会。提出有益的批评和改善意见，做到教学相长。在促进班风、校风、学风的建设中锻炼自己。

5. 参加定期举办的民主生活会，培养时代新人的民主意识。自己有见解、有意见能大胆地表达出来，与大家讨论研究，吸收新思想新观念。。

6. 过好团队生活。共青团员要按照团的要求过好组织生活，在学生当中起模范带头作用，树立为祖国的富强，为共产主义事业而奋斗的思想。少先队员也要按照少先队组织的要求，开展丰富多彩的活动，特别要重视做好"队礼"活动，养成文明礼貌的良好习惯、培养自己的小主人翁精神。

7. 积极参加各种文体活动。如篮球比赛，歌咏比赛，应在活动中表现出"友谊第一，比赛第二"的高尚风格，增强集体观念，发挥聪明才智，为班集体增光。

8. 积极参加学习竞赛活动。在活动中增强自己的求知欲望，树立为祖国而学习的思想，好好学习，天天向上，不畏艰苦，勇于攀登科学高峰。

9. 积极参加文明守纪的评选活动，做一个文明礼貌，遵守纪律的好学生，自小培养公民意识，增强责任感和纪律性。

10. 积极参加各种课外活动。比如参加生物、地理、天文、航模、读书、美术、测绘等兴趣小组，通过实践，丰富自己的知识，增长才华。

总之，学校的活动是丰富多彩的，为了培养自己的集体主义精神，树立为集体增光的好思想好作风，也为了培养自己的学习兴趣和各方面的爱好，强调中小学生积极参加学校组织的各项有益活动是十分必要的。一个学生的成长体现在德智体美劳各方面的全面发展。

大胆地走向同伴们吧，在集体活动中锻炼自己。

一次不寻常的文体活动

正值初中毕业之际，学校发出了举行广播操比赛的通知。听到这一消息，班里的同学议论纷纷。有的说："马上就要毕业考试和升学考试了，谁还有心绪参加比赛？"有的同学甚至提出"弃权"。同学们的心情是可以理解的，参不参加比赛呢？你看这个毕业班的全体师生是怎样处理的。

同学们快毕业了，这意味着初中生活即将结束。每个同学对母校，对老师都有很深的感情，都乐意给学校老师们留下一个深刻的印象：这个班集体是真正德智体全面发展的，这是一个人人为班的集体。

于是，有人在黑板上摘抄了高尔基给儿子的信："你走了，可是你栽的花却留了下来，在生长着……要是你在任何时候，任何地方，自己一生留给人们的都是美好的东西——鲜花、思想，对你的非常好的回忆，那你的生活将会轻松和愉快的。"因此，引起大家共鸣："我们要毕业了，也要积极参加学校的各项活动，争取出色的表现，给母校老师留下美好的印象。"一种荣誉感油然而生。由于全班同学有了统一的指导思想，广播操比赛获得了第一名。

做好值日工作，培养小主人翁精神

别小看学生的值日工作，里面反映的情况可多了，但很重要的是让你着实"当家作主"一回。

同学们的值日工作包括：配合老师做好学生的作业收发，打扫课室和校园卫生，擦黑板、抹门窗、倒垃圾，维持学校的组织纪律和秩序等等。职责范围很广，任务很多。每一位同学都会自然地轮到自己干值日工作。

在这种普通简单的工作中，反映了你的工作责任感。认真负责的同学会有条不紊地把工作做好，定能全心全意为学校（全班）师生服务，而不斤斤计较，努力完成任务。如果是责任心不强的同学，他会敷衍塞责，丢三落四，马马虎虎，随便应付。

一个在家中娇生惯养的"小皇帝"，在学校他就很难做好值日工作。而通过学校的值日工作，又可以培养学生独立而勤奋的工作习惯。

在日常的收发作业、打扫卫生、擦黑板、抹门窗、倒垃圾的工作中也能培养学生的劳动技能和劳动方法。有一个初中生，他就是在擦黑板过程中，产生了发明创造的灵感，经和老师配合研究，发明了清除粉笔尘的装置，为课堂教学的文明卫生立了一大功。

在这些日常的工作中，可以培养一个同学勤劳肯干的习惯。我们谁也不能轻视体力劳动，应该在值日工作中，养成热爱劳动的良好态度。

我们可以通过值日工作，用自己的双手，把课室、校园打扮得更加美丽，使自己在工作中产生自豪感。

让我们积极做好值日工作，培养小主人翁精神！

卫生红旗掉了以后

放晚学了，裕华小学五（6）班的教室还挤满了人，乱哄哄的，隐隐约约还可以听见有人在哭泣。

出了什么事？班主任心里猛地一沉，不由自主地快步向教室走去。同学们一见老师进来，霎时鸦雀无声，几十双眼睛紧紧盯住老师，仿佛有一桩什么严肃的事情等着老师似的。老师疑惑不解地望着大家，见他们一个个把脸儿绷得很紧，不满的目光一齐投向值日生刘小敏。嗬，刘小敏揉红的眼睛下还挂着几道泪痕。

"怎么回事？"老师轻声地问。

班长马上站起来，不好意思地说："今天值日生工作敷衍塞责，丢了卫生红旗。"

门扇上，"不清洁"的纸牌犹如针一样刺目。

地板上，几处撒着撕碎的纸屑，黑板上面挂着的连续第十次夺得的卫生红旗不见了。难怪大家的心情变得这样沉重。

"老师，是我值日工作没做好。"小敏难过地说。

"老师，纸屑是我扔的，我错了。"一直在一旁默默无语的一个高个子男生突然站起来，脸带愧色地承认了错误："红旗是因我丢的，我要将功补过，下次一定要把红旗夺回来。"这时，老师都被同学们的集体荣誉感、工作责任心和卫生光荣、不卫生可耻的文明行为所感动："不要紧，下次大家把红旗夺回来。"

"对，下次我们一定把红旗夺回来！"

在图书馆里应该怎样做

图书馆、阅览室是我们学习和交流知识的场所，也自然是人际交往的场所。我们可以在这里查阅很多资料，学习许多课外知识，大大丰富自己的学问，收获是无可限量的，但有一条应切切记住，那就是遵守纪律，保持肃静。人人保持"静"，就是在图书馆和阅览室最重要的文明礼貌。同时我们还要严格注意下面的事项：

1. 要按序排队，依次缓慢进入，不得争先恐后，不能急匆匆插队，更不能抢占位置，否则，秩序变得混乱。

2. 要自觉保持环境的安静与卫生。走动时脚步要轻，不得高声谈话，不得带食物饮料进里面吃喝。

3. 碰上同学、老师、熟人等，只需点头微笑，不须出声道安。

4. 借书、查找资料、入座起座、翻书等行动都要轻手轻脚，不要发出干扰他人学习的任何声响。与室内学友交换意见和学习心得，或提出问题，应简单明快又轻声细语，如果要讲述问题就得到室外去也应尽量缩短时间，三言两语结束，说话太多太大声都是失礼的。

5. 在图书馆、阅览室轻声说话，内容以学习为限，不可说与学习无关的话，尤其不可以利用这种安静舒适的环境闲聊，更不能吵闹喧哗（同图书馆、阅览室一样，不能在教室和楼道内吵闹喧哗。否则，影响正常的教学秩序，那也是极其无礼的。）。

6. 借图书时，应该了解到目前索书还需一定时间，不是伸手就拿得到的。因此。在按规定填好借书单后，应耐心等待。还书也是一样，不是说还就能还，还需要工作人员填表注销，所以，不可在借书台前连声催促工作人员，以免影响其正常工作。

7. 不得偷窃图书或把图片、文字资料任意撕剪下来，这是有损人格的行为，必须制止。

为送回人格尊严而鼓掌

一次，学校把数百本参考书投放到阅览室让学生们自由阅读。开放的第一天，丢失了 6 本。当时，有的教师提议严肃查处。校长没同意，他只在阅览室的黑板上写上这样几句话"作为校长的首要任务，是应促使全校师生明白，我们师生的人格是无价的。然而，朋友，你相信吗？投放的书少了 6 本。"第二天。悄悄地送回一本书，校长又写道："朋友，你送回来的不仅是一本书，你送回了人格，送回了良好的学风。"第三天，丢失的书全部送回。就在这天的学校集会上，校长为师生如此珍重人格。向全校师生深深地鞠了一躬。

全校师生掌声雷动，为校长的宽容，更为偷书的朋友送回来的人格表示了崇高的敬意。

爱护公物，从我做起

爱护公共财产，不仅是公民的一种道德行为，还是宪法规定的公民的一项基本义务。

什么是公共财产？它包括国家、集体和全社会所有的公共财产，是国家和社会赖以存在和发展的物质基础，同时也是公民物质生活得以不断提高的源泉和享受各种权利、自由的最根本的物质保证。公共财产与公民的个人利益息息相关。每个公民在工作、劳动和生活中必须承担不侵犯公共财产的义务，必须承担负责使用和保管公共财产的义务；国家鼓励并提倡公民同侵犯公共财产的违法行为作斗争。

的确，青少年应培养爱护国家财产的公民意识，真正做到爱护公物，从我做起，从身边做起。学校是我们每天赖以学习和生活的环境，这里的课室、宿舍，所有的财物，所有的设施设备，都是国家和人民用巨大的人力物力建设起来的，一砖一瓦，一草一木当来之不易。党和人民给了我们这样美好的环境，供我们学习，供我们生活，当你坐在窗明几净的教室上课的时候，当你坐在实验室练习电脑的时候，当你在球场上欢腾雀跃的时候，……你所使用的这一切的时候，你觉得是在福中吗？难道你还不应该珍惜它、爱护它？难道还不应该跟破坏和浪费公共财物的坏人坏事作坚决的斗争？

　　美丽的校园是学生们成长的摇篮，作为学生长时期生活在学校，应该对它充满感情，因此，要尽心尽责保护它才对呀。

　　校园是文明的场所，决不能遭受破坏和污染。可是有个别学生，缺乏对公共财物爱护和保管的意识，随意损害门窗，损害课桌、讲台，丢弃工具，不关水龙头，甚至砸坏水龙头，让自来水白白流走，粗手大脚毁坏实验器材和教具，随便践踏绿化带，攀树折枝，擅摘花卉。有的乱写乱画，在洁白的墙壁上打鞋印；有的见到公共财物受损失遭破坏时，也不敢挺身而出。为保护公共财物，这是值得我们注意克服的。

保护国家集体财产的英雄榜样

　　刘文学——

　　保卫集体财产的小勇士。刘文学是四川省合州县人，少先队员，从小有着远大的理想，立志为国建功立业，努力学习科学文化知识，上进心强，成绩优秀，热爱劳动、热爱集体，敢于同坏人坏事作斗争。1959 年 11 月 18 日晚，刘文学和群众一起在地里抢收海椒，回家时发现有人偷生产队的海椒，勇敢地予以制止，并与坏人搏斗。为了保护集体财产，年仅 14 岁的刘文学壮烈牺牲。

龙梅、玉荣——

草原顶雄小姐妹。她是内蒙古达茂合旗人，少先队员。1964 年 2 月 9 日，11 岁的龙梅和 9 岁的玉荣赶着集体的羊群在乌兰察布草原放牧。天空突然刮起了暴风雪，气温骤降之零下 37℃。就在这风雪交加，天气奇冷的条件下，孤立无援的小姐妹同暴风雪搏斗了一天一夜，跑了 70 多里路，她们忍受着大人都难忍受的饥寒，勇敢地保住了集体的羊群，当人们找到他们时，姐妹俩已严重冻伤。特别是玉荣，因双腿被冻坏而截肢。草原英雄小姐妹的事迹迅速传遍了祖国的大江南北，鼓舞了当时以及后来许许多多的少年儿童，激励着他们的成长。

一个爱护公物的好同学

六盏明灯悬挂在屋顶，放射出柔和雪白的光辉，它为我们的学习提供了良好的照明条件。你知道吗？这后面凝聚了赵小林同学的心血呢。

为了不丢失和损坏灯管，班里必须有一个人专门负责关窗户和门。这个任务比较重，因为稍有疏忽，忘记关窗户和门，灯管就有被人偷去的危险。但赵小林同学却欣然接受了。

每天中午、下午放学后，他总是等同学们全部走完，然后再检查一遍窗户才走。有时，同学们抄题抄得很晚，他是一边复习一边等着，决不敷衍了事或把事情轻易托付给别人。

有一天，乌云翻滚，狂风大作，即刻就有暴风雨瓢泼的可能。可是，这时已经放学了。"窗户关好了吗?" "是不是还有开着的?" 感冒在家下午没有到校，本可以不管的赵小林同学望着窗外着急地想："不行! 我得去看看!" 他二话没说，雨具也没顾得拿就飞快地跑了出去，就连他妈在屋里喊他，他也没回头。

雷声响了，天幕上像裂了一条缝。大地在雷南中震颤着，风沙越大，赵小林心里就越急。只要有一扇窗户开着。它上头的玻璃就会全部变成碎片。快，越快越好。这是他现在唯一的想法。沙子打在脸上，眯入眼里，他都不在乎; 自己正在发烧，他也不管。跑到学校，窗户却关着，他舒了一口气。照理，他该回家了，没有。他拿出锁匙，跑到门前，打开教室门，也许以为他要避雨。其实，他放心不下，是在检查每扇窗户是不是都插上了插锁，尽管有的窗户已经插上了，他还要用手抿一抿，生怕别人插得不牢固，

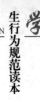

被风雨震出来。直到全部检查完毕，认为确实没有问题后才跑步离开学校回家去。

其实，我们每个同学都应该像赵小林那样爱护公物。

做学生，最起码的要求

——按时到校，上课前准备好学习用品。

先打个比方，如果军队在作战的时候，不能按时到达目的地，不能按时排兵布阵，又错过进政的时刻，战斗打响之前，弹药仍未运到，工事尚未修好，一旦交战，难道还不吃败仗？

再打比方，如果工厂的工人都不按时上班，或来到岗位才想起仍未带工具，可想而知，这工厂能搞好生产？

战士打仗，工人做工必须抓紧时间，并作好充分的准备才能取胜和正常工作。这一切要靠严明的组织纪律保证。学生上学读书也是一样，没有严格的组织纪律，不按时到校。同学们都是松松垮垮的，上课铃响过了，还只是姗姗来迟，没有一点紧迫感，那还怎么上课学习呢？每个学生都丢三拉四，不带书、不带笔和其他学习用具，到上课时才到处找，这样上课能有质量吗？

钟声就是命令，这是纪律，作为学生一定要有强烈的时间观念，这关乎你也关乎整个班集体。很难设想一个从不按时到校的学生，他能有学习的自觉性，能刻苦勤奋学习，能取得好的成绩；而任何一个优秀的学生，他一开始就已经懂得抓紧时间，懂得遵守纪律，从来都是按时到校的。鲁迅小时候上学也曾常常迟到，未能按时到校，学习成绩也不理想，结果受到老师的批评。这一回他醒悟了，要学习好，一定要勤上学，早早回到学校开始一天的学习才行。于是他在桌面上刻上一个"早"字，以此督促自己依时上学，从此以后他的学习成绩突飞猛进。真是一"早"带来"百好"。其实任何一个中小学生都有这个体会，什么时候抓紧时间，遵守纪律，什么时候学习的自觉性高。按时到校，是你自觉学习的第一步。

战士不打无准备之仗，学生上课前准备好学习用品，这是不用多说的，我们应该自小培养良好的学习习惯。

专心听讲是读书的重要环节

这不但是一个纪律的问题，还是一个学风的问题，这是决定一个学生学习技巧高低的重要一条。课堂上专心听讲，你就能记住老师讲课的内容，看清老师做实验的过程，课后就能有依据进行自修和实验。课堂上专心听讲，说明你学习具有专注精神。这种精神是读书成才的关键所在。

专注精神成大器

西汉著名哲学家董仲舒整个一生读书十分勤奋和专注，曾"下帷读书"，"三年不窥园"。为了减少干扰，他读书时放下室内悬挂的帷幕，不朝室外张望，专心攻读。这种不受外界干扰、专心致志的精神，是难能可贵的。读书到了这种境界，使他终于成为一位精通儒家学说的大学问家。

闻名中外的杨振宁教授，他的专注精神和投入的态度也是令人敬佩的。有一次演讲，他一面讲，一面将道理写在一个投射的幻灯机上。这个幻灯机，有一大卷透明的胶纸，以便书写之后再投射到讲台的黑板上。突然间，那卷胶纸转不动，惊动了在场的工作人员和听演讲的专家学者。仔细研究之后，才发觉原来那卷胶纸，早被杨教授用完了，刚才写下来的投影，它是写在那片不能动的玻璃上面而已。所以，没法再将胶纸卷上，杨教授因为过分投入，而忘记注意这些小事项。

达尔文说，"在学问上有成就的人，与其说是头脑的好坏，倒不如说是决心做什么的工作态度问题。"而杨教授的工作态度，专心一致的精神是其成为伟大人物的一大要素。

天下皆同，大凡有成就的学问家，读书工作都是十分专注和投入的。三心二意，心猿意马，哪能学好和做好？做学生听老师讲课，首先要专心听讲，然后才是自己消化运用、变通、创造发明。

列宁9岁半就上了中学。在班上，他年纪最小，学习成绩总是第一，真可谓聪明了。但看他是怎样读书的，你就明白个中的道理，他从小就养成了好习惯，每天总是很早起床，抓紧时间把功课复习一遍，早饭后精神抖擞上学去。上课时，列宁总是聚精会神地听老师讲课，清楚地记住每一课的内容。晚上除了做作业，还要预习第二天的功课，读书人一般的"三环节"他都能严格做到。有人问他："难道你就没有过在上课之前不把功课预备好的时候吗？"他回答道："从来没有，也永远不会有。

为了从书籍中获得丰富的知识，列宁几乎跑遍了市里的图书馆，还常常向同学借书看。有位同学家里有一个很大的图书室，高大的书柜里摆满了书。列宁经常到这个同学家里玩，只要一走进图书室，他就不想出来了，经常一读就是几个小时。同学们在外面喊他，他也听不见，同学们拉住他去玩。他总是摆摆手说："别闹。"

难道我们还不可以从以上的伟人的读书学习和工作中

得到启发么？是专注精神使人成大器。

学问靠"问"

学问，学问，要学就要靠自己"问"。

勇于提出问题，敢于发表自己的见解，举手发言，积极回答老师的提问，回答声音响亮，反映了你在学习上的起码几个优点：

1. 你已经听进了老师讲课的内容；

2. 你在独立思考了，在运用老师教授给你的知识试图解决问题，说明你学习已进入角色。

3. 你在接受知识解决问题上具备信心和勇气，你是不怕失败的，这是你日后成功的奠基石。

4. 你敢于和老师交流问题，使老师发现你的优点，更加热爱你，积极回答老师的问题，这不仅仅是为了学习，更重要的是促进师生的感情交流，要不哪谈得上教学相长？

5. 发言举手话语响亮，这不但是一种形式，而且是良好的习惯，反映了一个学生尊师重教的文明礼貌。

拖延时间，人生的大敌

认真复习，依时独立完成作业。这一条是很能检验学生学习质量的好坏。

复习功课和做作业是互相联系的，有良好习惯的同学总能先复习消化当天学习的内容，然后运用知识技能独立做作业，自己分析问题，解决问题。依时做作业，并不是每个同学都能做到，许多同学就有拖延时间的恶习，实际上是懒惰作怪；有的同学不独立思考、自己完成作业。低劣者甚至抄袭人家的作业，这肯定是不会很好地开动脑筋学到真正的知识，这同样也是懒惰作怪。认真复习，依时独立完成作业并形成习惯，就证明你能战胜拖延时间懒惰的恶习，好的成绩就会向你招手。

"我经常拖延时间吗？"你应该经常这样提问自己。

在学习上。在生活中最常见的和最容易做的事情就是拖延时间。你甚至每天都对自己说过："我的确应该做这件事情，不过还是等一段时间再说吧。"这时，你便自觉不自觉地浪费了宝贵的时间。

你可以找到许多借口去拖延时间，你可以把对于时间的浪费认为是环境因素，是其他人给你造成的。其实，这完全取决于你自己。事情做了就是做了，没做就是没做，根本不存在拖延时间的问题。当我们在应该对于过去做好的事情而未做好，应该在过去得到的东西而未得到时，我们总是找出许多理由来安慰自己："我希望问题……或但愿情况有所改观。"但从来都是犹豫着不去实行，这些客观的原因只是拖延时间，浪费时间，逃避现实的借口，这是一种自我欺骗，形成习惯，将会使你一事无成。难道还不是吗？请听听《明日之歌》："明日复明日，明日何其多，我身待明日，世事成蹉跎。"的确，最浪费不起的是时间呵。人的一生所有的成就都是在把时间抓得很紧很紧的奋斗中实现的。否则，拖延时间就等于缩短生命的进程。

把事情拖到明天做已成为许多青少年的不良习惯。有些同学学习态度极不认真，把老师布置的作业总是一拖再拖，只要能拖，他就拖到最后一刻，从不觉得浪费时间的可惜，只顾自己尽情地玩、玩。你要是问他在学校学得怎么样呀？你什么时候能完成作业？他一定满不在乎。那作业总是拖到取后一刻草草了事，完成数量任务就行，全然不顾学习质量。这样又怎能使自己的功课过关，学得真正的知识呢？

许多人离开学校，走向社会，在工作岗位挑起担子的时候，力不从心就叹息自己不学无术，忧心忡忡，悔不当初浪费时间，不好好学习。这已不是个别的例子，实在太普遍了。拖延时间，浪费时间，使自己造成损失或增加到达目标的难度，或失去成功的机会，这是有许多教训的。

拖延时间，的确是人生的大敌。

中小学生治学要领

1. 学习过程中，最基本的就是学会知识之前，学会听课，要学会眼到、耳到、心到，手到。很重要的还是手到，也就是要认真记笔记，首先简明扼要记上老师的讲课内容；再就是要记上需要思考的问题。课后，你就有依据进行复习和钻研了，要懂得好记性抵不住烂笔头。

2. 要读很多的课外书籍，一本书要从厚读到薄，从薄读到厚，它会形成你治学的底子，底子越厚，学习越容易。

3. 自己配合老师安排自学，会运用各种学习方法和措施，能按计划完成学习任务。

4. 早睡早起早学习。要从清晨 6 点钟左右开始你一天的学习。清晨是读书的黄金时间。

5. 形成自己的学习制度，主要事情要善于安排时间去做，不要把它挤到次要位置上。

6. 内因是决定事物发展的根本原因，要善于鼓起自己内在的动力，激发求知欲望。

7. 必须很严格地选择你要阅读的书刊。要善于在一定的时间内限定阅读范围，避免漫无边际，那样会事半功倍。

8. 要善于提醒自己：娱乐和休息都是需要的，死读书便是书呆子。

9. 要善于跟同学交谈学习心得，从他们那里获得精神力量，改进学习方法，做到不耻下问。

10. 要学会减轻自己今后的学习压力，养成记笔记的习惯，这是解放自己的好办法。

11. 凡事举一反三，解决问题时要找捷径。

12. 在集中精力从事脑力劳动时，每个人都必须完全独立地进行工作。

13. 不要偏科，要全面发展，既学好数理化，又要学好语言文学，提高写作技能是极为重要的。

14. 要改掉不良习惯。比如，睡醒了，在被窝里再躺 15 分钟，开始学习前玩 20 分钟，凡事需家长提醒。

15. 拖延时间是学习的大敌，今天的事必须今天完成。

考试作弊，欺人自欺

作弊行为使测验、考试结果失去了真实性，既不能检查教学效果，也不能反映学习水平，对于老师改进教学，提高教学技能极为不利；考试作弊是以不正当手段骗取得成绩的行为。它一方面反映了作弊者在品质上存在着缺陷，即不诚实和不守纪律，用作弊取得的学习成绩会给自己带来耻辱。

考试作弊不仅是违纪，而且是一种极不道德的行为，在学生中常有一些人平时不好好学习，考试前也不认真复习功课，而寄希望通过作弊获得好成绩，欺骗老师，欺骗家长，最后自欺。他们作弊的手段一般是用课本、练习本夹带早已准备好应考内容进入试室，有的人还把内容抄在手掌上，无奇不有；有的人在考试期间，偷看他人答卷，或旁窥他人作答，或同伙之间传递纸条，或交头接耳，窃窃私语……这一桩桩，一件件，没有一件是光明磊落的，都是见不得人的。

作为一个学生，到了这个地步，实在是有损自己的人格尊严。为什么要通过作弊来获得考试成绩呢？难道你不知道这是可耻的行为吗？作为学生，在学校必须勤奋苦学，平时专心听讲，用功钻研，弄通了课本知识，掌握了学习技能，又哪怕考试不过关？不取得好成绩？

考试作弊者，平时一定是不认真读书的懒虫，要不就是虚荣心在作祟，太看重分数，是不诚实的表现。要知道，考试只是我们平时学习的考核和检验，并不绝对说明了你学习达到的水平，重要的还是你真真正正地掌握了知识。科学知识是老老实实的东西，来不得半点的虚伪。弄虚作假只能是搬起石头砸自己的脚，最终学无所成，吃亏的是自己。考试作弊，一次得逞，就会一而再，再而三，形成了习惯，养成不良的学风，就会使自己品质变坏，严重影响自己的成长。有个考生，他本来是很聪明的，在参加高考的时候，平时考试作弊的习惯又冒了出来，他又干起偷看、旁窥、挟带的勾当，结果被监考老师当场捉获，不但被严厉警告，后来还被有关部门取消该科的高考成绩：偷鸡不成蚀把米。在学校考试作弊形成习惯，把这种风气带到社会上，这种人手中掌握权力的时候，就会更肆无忌弹地作弊，以权谋私，总之一有机会就会违法犯罪。有记者采访一个贪污犯，铁窗前，记者问他："你为什么如此大胆贪污呢？""这和我从小喜欢作弊有关。""与哪些作弊有关？"在学校读书期间，考试作弊成了习惯，参加社会工作后，我当了公司出纳员，不久我开始在财务记账上作弊了，自以为得逞，结果弄到今天这地步，罪有应得……"他流下了悔恨的泪水，这也是值得我们每个学生深思的。

请记住：考试不能作弊，作弊者欺人自欺，最终耽误的是自己。

科学安排课余活动

每一个学生都有自己的课余，但不能停止学习，不能放弃娱乐和体育，还有劳动。

每一个学生的任务是以学为主，兼学别样，即不但学文，也要学工、学农、学军……

所以，我们在学习主课之外，还应该有更多的内容，更丰富多彩的活动，这才不会死读书，读书死。

大凡成就杰出的人物，都有他丰富的课（业）余生活，我们不妨看看大文学家托尔斯泰的业余爱好。有一次，一位法国青年拜访俄国大作家列夫，托尔斯泰伯爵。他俩一同散步、闲聊，恰巧旁边有副单杠。青年跑过去，一跃而起，抓住单杠，做了几个动作，骄傲地说："伯爵，这门艺术，你大概是外行吧？

托尔斯泰轻松地笑一笑。

"文人不会武，这也不必苛求……"法国青年似乎怕托尔斯泰尴尬，连忙为之解脱。

托尔斯泰看了看同伴，走到单杠下面轻轻一跃，双手握杠，两腿挺直朝前一伸，往后一摆，连续绕了几个"大翻车"。随后又轻松自如地做了几个难度很大的动作。像燕

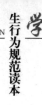

子那样轻巧，像猿猴那么自如。

法国青年看得眼花缭乱，惊诧得吐出舌头，老半天都没缩回去。他哪里知道：体育活动正是托尔斯泰写作之余的爱好呀！

托尔斯泰喜欢骑马、打猎、游泳、滑冰、划船等运动。除了体育，他还爱参加劳动，烈日底下他能整天在田里犁地。写作之余，他主动帮助贫穷的人盖房子、砌炉灶、割草。直到古稀之年，还坚持自己打水、劈柴，和农民一起锯木头。

托尔斯泰从单杠上跳了下来，法国青年心悦诚服地说："伯爵，您单杠上的动作也是真正的艺术。"

托尔斯泰没有吭声，只是淡然地笑笑。

这里，我们还不可以得到一点启示么？作为学生以学为主，课余也还应有其他兴趣和爱好，既调节自己紧张的学习，使身心健康，又做到一专多能，将来到社会上就会八面玲珑，左右逢源。

请看一个高考尖子生，他又是怎样安排课余生活的——进入高中以后，学习暂时松了一些。有一次爸爸北京出差回来，我到机场去接他。看替停在机场上的各式飞机，我产生了强烈的好奇心，非常想了解它们的结构和性能。从那以后，我对航空产生了浓厚的兴趣。不久，这个兴趣又波及舰艇及军事，有关航空、舰艇的杂志每期必买。每天晚上做完作业，我就躺在床上看这些杂志，时间久了，对各种著名的飞机、军舰、坦克等，只要看见照片就能叫出它的名字，而且能大概说出它的性能。开始阅读这些杂志时，一些物理和数学方面的知识还看不懂，这更增加了我学习的兴趣。因此，尽管高一时我课本看得较少，学习成绩还是逐步进步的。从班上的第五到第二，再到第一，尤其是我的物理成绩很突出。

回顾从小学到中学，直到进入大学的这段经历，我觉得学习要想取得好成绩，关键在于"钻研"上。我用在课本学习上的时间一直不是特别多。我比较注意合理安排课余时间，即便是在高三最紧张的阶段，我还是每晚十点就睡觉，而且经常安排看一些课外读物。因为我觉得看一些有益的课外读物，有助于开阔视野，增加学习兴趣，对学习大有好处。

遵守食堂公约

1. 尊重厨房职工和饭堂管理人员，服从管理。

2. 遵守纪律，自觉维护食堂秩序，按次序排队取饭菜。

3. 进入食堂不得高声喧哗，保证用餐安静。

4. 珍惜粮食，按需买饭菜，不铺张浪费，都是盘中餐，粒粒皆辛苦，一饭一菜当思来之不易。

5. 节约水电，做到人离灯熄，人离水止，上百人的饭堂稍不节约，浪费极大。

6. 树立清洁卫生光荣，邋遢可耻，饭前饭后要洗碗洗筷，不得随地吐痰，不得随地抛掉剩饭剩菜，要到指定的地方放好残、剩饭菜。

7. 不要站立吃饭，要围桌坐着用餐，不要狼吞虎咽，注意养成良好的用餐习惯。

遵守宿舍公约

1. 尊重宿舍管理人员，服从管理。

2. 遵守宿舍纪律和各项规章制度。

3. 依时熄灯睡觉，依时起床，决不睡懒觉。

4. 睡觉时间不能聊天说话，避免互相干扰。

5. 起床后，挂好蚊帐，折叠好被子和衣物，放好洁具。

6 不在宿舍内私拉电线，或用电炉子煮食等，注意防火，防触电事故发生。

7. 认真安排好卫生轮值，打扫卫生，保持室内整洁。

8. 经常打开窗户，让室内空气流通。

9. 换下的衣服、鞋袜要及时洗刷，不要堆放在宿舍，洗好后要拿到室外凉晒干。

10. 不带外人回宿舍活动或留宿，预防意外事故发生，确保安全。

自尊自爱　注重仪表

自尊自爱　品德纯美

自尊自爱是一种可贵的品德，是严格要求自己的表现。如果我们能够自尊自爱，不论是在人前人后，不管有人监督与否，都能严格遵守道德准则。自尊自爱是爱护自己名誉的体现，做错了事或犯了错误以后，心中总感到羞耻和不安，能够自责自备，自我反省，自我约束，改正错误而不断进步。相反，不能自尊自爱的人，对待错误往往是满不在乎，若无其事，甚至一笑了之，有的则自暴自弃，破罐破摔。这样，不但很难进步，而且还有可能重犯错误，加速自己思想品质的变坏，那是很危险的。

让我们每一个青少年都能自尊自爱，养成纯美的品德，在日常的学习和生活中，一言一行都能规范有度，表现出一个时代新人应有的高尚精神风貌。

坐、立、行走、读书写字姿势要端正

强调学生坐、立、行走、读书、写字姿势要端正。首先从学生的生理角度要求，这时，青少年处于身体发育阶段，骨骼尚未成熟，可塑性极大。而坐、立、行走、读书、写字是学生日常的主要行为，这些行为的正确与否直接影响到孩子们身体发育的质量。很难设想一个少年儿童坐、立、行走不规范，老是弯腰伏桌、低头读书写字，他的腰肢不弯曲畸形、眼睛不近视。若变成这样就严重地影响了自己的一生。有个学生，他很聪明，从小学到高中，学习成绩一直在班上名列前茅，深得师生的爱护和赞扬，家长也以儿子的聪明为自豪。他学习上很认真，但行为举止很不讲究，因为勤于思考，行走时，总低着头，坐在座位看书写字，总喜欢用手支撑着头侧向一旁，眼睛斜视着看东西，睡觉前还争分夺秒学习，拧亮电灯，侧睡在床上读书做笔记，不这样做睡不着，天长日久，形成了坏习惯。结果，到了高中阶段，他已深度近视，背也有点驼了。虽然他高考的成绩总分名列全市第一名，但因为近视和驼背而不能被自己喜爱的大学和志愿的专业所录取。终于，他为自己不规范的坐、立、行走、读书、写字的行为而后悔，流下了串串泪水。坐、立、行走、读书、写字姿势不端正，严重伤害身体，这是值得我们谨记的教训，即使你读书很聪明，弄垮了身体，丢掉了这本钱的东西，也是枉然。

少年儿童年龄小，可塑性大，沾上了坏习惯再去纠正就困难得多了。因此，我们坐、立、行走一定要自然规范，读写姿势要端正，读书时，双手捏住书本，眼睛离书本一尺，身体离课桌一拳，手指离笔尖一寸，看书时间超过一小时要休息片刻，最好到室外远眺一会。

还有，人的姿势行端是自己思想的表现，可以直接反映出一个人的文明素养。下面再谈。

仪表，反映人的精神面貌

仪表是一个人精神面貌的反映，对青少年来说，注重仪表，是养成文明习惯的重要方面。

具体地说，脚上皮鞋要常擦刷，布鞋衣物、袜子要勤换、勤洗，干干净净，防止脚臭，运动鞋要系紧鞋带，不能穿拖鞋或光着脚丫上学。女生不能穿高跟鞋上学。冬天戴手套也要美观清洁，不能用戴手套的手拿脏物。不戴戒指、项链，不挂耳坠等饰物，更不能画眉纹身。一切涂脂抹粉的化妆都不值得提倡，不要追求时髦，穿着奇装异服，女生上体育课要穿运动衫裤。按规定要穿校服，得体合身的校服，显示了学校的风格和学生的精神面貌。穿衣服一定要把钮扣扣好，不能上扣扣下钮，不能把衣服披在肩上上学，裤扣拉链一定要扣好，有时是容易被忽略的，穿好衣裤后一定要上下检查一次再出门。衣服换下一定要洗刷干净，晾干，然后烫平叠好放整齐，准备下次穿。如穿上一身歪歪扭扭、皱巴巴的服装，只会给人邋遢、懒散、消极的印象。我们应该常常理发刮脸，男生的头发要尽量短些，不应过耳根，触衣领，不应模仿明星，造发型，不要给头发喷洒香水和定型剂，让头发顺其自然；女生也不能猎奇束发或披头散发，要常洗、常梳，切勿蓬头垢面。每天早上醒来要漱口刷牙，要经常洗澡、洗脚，手要清洁，指甲要常修剪。

贪慕虚荣终害己

由于社会风气的影响，有的学校有些学生，尤其是一些中学生，贪慕虚荣，佩戴首饰，有的甚至互相攀比，形成不良风气：既比谁佩戴的首饰款式新颖、做工精巧，也比谁佩戴的首饰豪华高档、拥有的数量多。一些女学生以自己拥有一件甚至数件货真价实的首饰而自豪；更有个别学生以自己拥有价值成千乃至数万元的首饰而在同学中炫耀。

有位高中生在她过 18 岁生日时，身为私营企业老板的叔叔送了她一条花 5 万余元买来的钻石项链。不久，这位女生戴着这条项链到学校向同学们炫耀，顷刻间便成了轰动全校的新闻。这位女生哭哭啼啼来到老师办公室"报案"，说她的那条钻石项链不见了。老师对此事极为反感，但因事关重大，还是当即向校领导反映汇报。于是，校长号召全校师生一起帮助寻找，师生们在花圃里，在食堂，在学校教学大楼的每一层楼面，每节楼梯上搜寻了一遍又一遍，最后，被一男生在食堂外洗碗处的水泥地上发现了这条项链。

在校青少年学生必须禁止化妆和佩戴首饰，应该保持纯朴的生活作风。

举止文雅，大方得体

青少年修身立品的过程，也反映在姿势行端上，一个人能做到举止文雅、大方得体，与他讲究仪容、仪表和仪态分不开。

仪容仪表仪态，包括人的容貌、姿态、举止、风度、衣着、修饰、言谈、待人接物的态度等等。

一个人的仪容、仪表、仪态，虽是外表形象，却是他精神面貌的体现，文化、品德、教养和情操等内在品质的自然反映。在社会交往中，一般认为给人的"第一印象"是十分重要的。有的人在社会交往中很快进入角色，他的行为很容易为人们所接受，办事交际很顺利，往往与"第一印象"有关。这"第一印象"，实际上就是一个人的仪容、仪表、仪态所显示的外在形象，反映在社交对象头脑中的最初印象。

仪容、仪表、仪态是传递给社交对象的第一个信息，注重了它，就会使人们很自然地感觉到，他对所交往的对象是值得尊重的，是乐于与自己交往的，其态度是真诚的，与之交往是安全的、快乐的，成功的等等，从而很愿意与之交往，发展友谊。因此，人生的社交活动中，讲究仪容、仪表、仪态是首要的礼仪。

微笑是自信的表示，信任的开始

微笑的力量是无穷的。达·芬奇的名画《蒙娜丽莎》，使人最难以忘怀的是蒙娜丽莎的微笑，给人以强烈的审美享受。

微笑是自信的表示。如继续升学，你很快作为新同学出现在新的学校、新的老师、新的同学面前；如走向社会，无论在哪种社交场合你都会不断地遇上陌生人，特别是在问路，买东西讨价还价时，听人家谈论时，请人帮助时，或回答别人问题时，应该自如地微笑着。在你未认识的人的面前，你要争取很快和人家沟通，微笑会给你帮很大的忙。因为在新人新环境中，总不免感到羞怯与局促，只有微笑可以使人摆脱窘境，从容自如地跟人交往。

微笑可以使人相信自己的品性和能力，帮助自己镇定，同时给别人愉快和信任，使别人乐于接近自己，脸上的微笑表情，是一个人内心世界充实、自信、乐观、谦和、宽大、真诚情感的自然流露，它传递给别人的信息有时可以代替语言，甚至能起到语言所不能起到的作用。

微笑的人往往是彬彬有礼的，显示出他能和别人和睦相处。微笑之间，人的情感距离一下子就缩短了。一位教师，新学年开始时，面对一个班级的学生，他上第一堂新课，教室里静极了，同学们紧张地注视着他，那气氛真有点沉闷、压抑。这时，他理解同学们的心情，轻轻地把课本放在讲台上，挺斯文地站着，静了静，接着面对学生微笑片刻，只是几秒种的工夫，虽然什么话也没讲，教室里紧张的气氛便缓和了。全班同学对这位老师感到他和蔼可亲。师生的情感通过老师的微笑达到了交流，成功地开展了课堂教学。

中小学生喝酒、吸烟危害大

吸烟危害健康，这道理制烟的人知道，卖烟的人知道，吸烟的人更清楚。

目前，吸烟是世界上的一大祸患，对烟民的生命摧残不堪设想。据统计，一支香烟中含有对人体有害物质多达2000多种，1支香烟可产生500毫升烟雾；烟雾中有300种以上化合物，烟尘中有10余种致癌物质；一滴纯尼古丁可毒死体重300公斤大马3匹，吸烟会减弱抗御疾病能力，会产生许多副作用以及受各种疾病的侵袭，而全世界每分钟就有几百万人因吸烟而死亡，同时每年因吸烟造成的损失高达数百亿美元。数百亿美元可以建多少学校，解决多少贫困的孩子有饭吃有衣穿有学上呵，这是多么惊人的数字。然而在众多的烟民中就有一部分是中小学生，烟魔正在吞食着小烟民稚嫩的身心。学生，正处在学知识，长身体的最佳年龄，如果这么小就开始吸烟，这分明是为本已庞大的烟民队伍造就"后备军"，也无异于在自我践踏"祖国的花朵"。

吸烟是一种极度不良的嗜好和习惯。但许多青少年误以为吸烟能显示出青春风度，其实有失文雅，你看那些烟民黄牙黑齿，连手指都发黄斑，口气极臭，人们都不敢靠近与之谈话。抽起烟来，烟雾缭绕，还造成周围不吸烟的人们二次吸烟，不但害己还害别人。许多人吸烟，不讲卫生，烟蒂乱丢，烟灰飞舞，实在污染环境。

一个烟民吸烟以平均每天一包计，一个月下来，得花掉百多元，这只是以普通香烟计。对于只是消费者的中小学生来说，吸烟势必增加家长负担。如得不到烟资，吸烟又上了瘾，这样势必引出其他坏的行为，非偷即盗，那时，问题就严重了。

吸烟是引起火灾的危险因素。大兴安岭火灾就是由有烟蒂未及时弄熄而引起的。吸烟者，如果不注意这一条，往往使国家和人民生命财产造成极大的损失。

曾经有一个中学生，他长期背着老师和家长偷偷吸烟，有一次，他躲在学生宿舍，把床上的蚊帐拉了下来，在里面吞云吐雾。抽过烟把烟蒂随便往外一丢，然后倒头睡觉，结果，不熄的烟蒂燃着了蚊帐，很快大火蔓延，烧毁了一座学生宿舍，自己也被烧成重伤。请想想，吸烟的危害有多大？

为了祖国，为了民族，也为了自己的身体健康，中小学生必须积极主动地禁烟。

一个少年豪饮者的不幸

中小学生喝酒危害极大。一是成团结伙为庆祝生日或其他喜庆而豪饮导致高消费，肯定会造成经济负担，而自身只是消费者，因而产生连锁反应。同时，烟酒一家，中小学生喝酒总夹着抽烟，养成腐化的生活作风。二是互相攀比，饮"英雄"酒，酒精中毒，严重伤害身体，甚至造成不幸。

辽宁阜新市一名初二学生为过生日举杯痛饮，一醉不醒，失去了年轻的生命。

这天是明涛16岁生日。为了讲排场，明涛早早就跟母亲去市场采购酒菜。临近中午，母亲把酒菜都准备齐全之后，便按照同学聚餐的"规矩"告退。

随后，明涛与十几名同班同学唱歌喝酒，频频举杯痛饮白酒、啤酒。转眼到了下午3点多钟了，其母亲听儿子屋里没动静了，赶快走进去一看。十几个学生醉得横七竖八，儿子口吐白沫。她马上跑出门外找来三辆"面的"，把孩子们都送到医院。经医生诊断，孩子们均饮酒过量，导致酒精中毒，经过输液，其他同学都转危为安了，唯有明涛因兴奋过度，超量饮酒，导致脑血管破裂，抢救无效死亡。

这样的不幸在中学生中常有发生，教训极其深刻，必须引以为戒。

不随地吐痰，不乱扔纸屑果皮

良好的习惯和文雅的举止是社交礼仪的必修课。随地吐痰是极其不良的坏习惯，许多人沾染着。有时一口痰往地下一吐，就可能使人对你原有的好印象一下子改变了，有这样一件事情，有一个医药厂的厂长与一个外国医药公司总经理签订合作协议书，在签约之前，那厂长很随便地往地下吐了一口痰，结果协议便签不成了。那外国经理悻悻而去，理由是一个医药厂的厂长都没有文明卫生习惯，哪里配合作。一个人失去良好的习惯是多么可怕？如果你身上多带一点手纸或手绢，或走到设有痰盂的地方去吐，事情就不一样了。随地乱丢果皮、糖纸、杂物也是令人讨厌的，有些不雅的小动作也要坚决杜绝，如大家在交谈，你在那里旁若无人地修指甲、剔牙、挖鼻孔，搓泥垢、搔痒、打喷嚏，实是有伤大雅。

不打架骂人，不说脏话

不打架骂人，不说脏话是一个学生举止文明最起码的要求。

但是，中小学生年龄小，往往受外界环境条件的影响，特别是受到不良刺激时，情绪反应敏感，很容易发脾气动怒，随之打架骂人，拳脚相向，脏话连篇。这是一种野蛮的极不文明的行为。有的同学为在操场上争一个球会动起"武"来，人在座位上过了一点"界"怒目相看，厮打不休，为做了坏事被同学揭发受到老师批评，寻找机会报复，"大打出手"，为自己的朋友利益受损而讲"哥们义气""大动干戈"……无论是单对单的打骂还是小团体小圈子的群架都是极其危险极其有害的。

青少年打架的时候，意气用事，没深没浅，没轻没重，揍头捶背，哪个部位都打，往往打伤对方，甚至打死人。

学生打架骂人，其实双方都没有根本利益冲突，只是为口角是非之类而发生摩擦，进而拳脚相向，粗言秽语相辱骂。有时，为鸡毛蒜皮的小事说打就打，说骂就骂，自控能力极差。打架骂人是一个人心胸狭隘，缺乏理智和忍让的表现，是极不道德的行为，和现代人文明高尚的情操格格不入。打架骂人起码伤害友情，伤害自尊心，为人际关系蒙上阴影，使自己和别人的学习和生活都不愉快。如果我们无论在校内校外都能胸怀宽广，与人为善，团结友爱，互相帮助，互相关心，互相爱护，不为小事斤斤计较，多为对方着想，理解和宽容对方，即使闹矛盾也不致打骂伤害对方。同时，值得警醒的是，打架骂人是一种侵犯人身权利的违法犯罪行为，事情发展严重，还会受到法律的严惩。

有些品行不端的学生不但随意打架骂人，还常常满口脏话。他们从社会上那些庸俗的人那儿学来一些低级趣味，难以入耳的粗言秽语，自以为新鲜有趣，不分场合，随意骂人和用来交谈。那些社会上的"语言垃圾"从一个学生口中出来，是多么的不合适，多么的可耻。常说脏话的人，不但令人憎恶，还有损自己的人格尊严，损自己的形象。心灵美的人语言也美，语言美是一个人心灵美的见证。所以，青少年无论何时何地都应该做文明事，说文明话。一个有文化教养的人，语言是文雅的，待人接物是彬彬有礼的，他能尊重别人，也能够自重。

不赌博，不炒股

赌博是旧社会遗留下来的恶习，近些年这种恶习又有所抬头，死灰复燃。这必须引起我们的高度重视。特别要加强对青少年进行教育，切勿让他们染赌，万一染赌，恶习泛滥，危害后一代，后果不堪设想。

一朝染赌是很难自拔的。因为赌徒总心存侥幸，他就是要凭侥幸获得不义之财，不劳而获令他铤而走险。赢时贪得无厌，金山银山都想要，输时，眼睛发红，誓死赢回，不赌不甘，不搏不服。在金钱魔鬼的驱使下，丧失良智，赌个没完没了，直至堕落沉沦，这是多么的可悲。

近些年来，中小学生也有染赌的情况。他们当中，受社会不良风气影响，或在家中耳濡目染，（有的家庭，大人闲来无事搓起麻将，人手不够，便让小孩顶上），或者被一些坏人的引诱教唆，意志不坚，渐渐参与赌博，他们的赌注有大有小，各种形式都曾出现。他们三三两两玩纸牌，参与"围筑四方城"——搓麻将，玩电子游戏——"赌马"，抛骰子。从一注几分钱到一注几角钱、几元钱……逐渐升级，从单纯的同学之间课余玩牌到参与社会赌博都不乏例子。这不能不引起我们的警惕。

嗜赌催开罪恶之花。

有一个初一的学生，他出生在一个干部家庭，家里经济宽裕，生活条件很好。春节期间前来拜访贺年的人很多，他也从中得了许多红包，款额上千元。由于没有得到大人们的正确指导，他不知这些钱如何使用，也不懂得把这些钱存到银行去，供日后上学用，而是被隔邻一个"赌棍"看中了，在他的教唆下，先是参与电子游戏的赌博，第一天赢回了几百元，第二天同样赢回几百元，中邪了，赌瘾大发。又跟那"赌棍"直接混在大人中参与豪赌，一发不可收拾。第三天，他手上的钱全部输给了"赌棍"，他哪服输？为了赢回输掉的钱，他回到家里翻箱倒柜，把家中一万元港币都偷去赌了，结果一样输光。输了钱无路可走，很快在社会上干起偷抢的行当来，并结交了毒友，竟然贩毒，终于走上犯罪的道路，双手被无情的手铐锁上。铁窗里，他才流下悔恨的泪水。

学生不能赌博，也不能"炒股"。我国南方有些城市开设证券交易所，在"炒股"风的影响下，由于得不到正确的引导，有些中学生参与"炒股"，虽则"炒股"不像赌博，但中小学生参与"炒股"是极其危险的，照样绝对禁止。

有一个高二的学生，他被学校评为德智体全面发展标兵生，师生认为他是摘取"高考状元"桂冠的好苗子。由于家境困难，为了挣点钱买学习上的东西，他当了家庭教师，节假日前去给小学生补课。他聪明且又耐心教导小孩，令其进步很快，家长很满意，为了表示感谢，送给他三千元作奖励。这学生平时已经常听人们谈论"炒股"的情况，这回他手上有了钱，又自信自己聪明，结果到证券交易所转了几回，心情久久不能平静，冲动使他豁出去，他开始利用课余时间投入"炒股"的行列。很快，他手上的钱成几倍增加。他着迷了，钱这魔鬼使他荒废了学业，他天天都要走到证券交易所去，当起疯狂的"股民"。到学期考试时，他的学习成绩从尖子生滑到倒数"第二名"，引起了全校师生的震惊。此时，财迷心窍的他却不以为然，他认为读书无用，狂妄地相信自己通过"炒股"定会发达，成为百万富翁。因而，他自动辍学，成为"炒股"专业户。一时间，钱越赚越多，可是终于有一天，由于股市风云变幻，顿时，他又从"富翁"变成了乞儿。这时，他想同学想学校了，后悔莫及，巨大的打击，使他精神崩溃了。现在精神失常的他天天流落街头，总是一会儿到校门口徘徊，一会儿又到证券交易所徘徊，聪明孩子成了傻瓜，一个本可以成为优秀人才的他就这样凋谢了，怎不令人心寒、令人惋惜。

赌博不是娱乐活动，赌博乃是一种违法犯罪行为。"中华人民共和国治安管理处罚条例》规定："赌博财物，经教育不改的""有抽签、设彩或者其他方法变相赌博的"，要处以"拘留、罚款或者警告"。

《中华人民共和国刑法》第一百六十八条也明确规定："以营利为目的聚众赌博，或者以赌博为业的处三年以下有期徒刑、拘役或者管制，可以并处罚金。"

可见，赌博乃法所不容。

不看迷信的坏书刊、录像，不参加迷信活动

读一本好书像交个益友，读一本坏书像着了魔中了邪。目前，社会上迷信的风气日甚严重，很多地方都有宣传迷信的坏书刊、录像以及其他迷信品有所泛滥。青少年还处于学知识，学科学的初级价段，对一些自然现象，生命科学、社会科学的发展规律认识不足，这方面的知识知之甚少，容易受社会上迷信风气的影响，自觉不自觉地阅读迷信的坏书刊，观看那些坏录像，开始迷信神鬼妖魔，严重影响了身心健康。

有个别学生，阅读过那些看相算命、预测运程、宣扬封建迷信的坏书刊后，做出了一些幼稚可笑甚至危害不浅的事情。有这样的一个高三毕业学生，为了学习上出好成绩，能顺利考上大学，不刻苦认真读书，而是求神问卜，预测运程。他在满脑子迷信意识的煽动下，找到一个年已

七旬的老巫婆，求其指点迷津，找出考上大学的窍门。老巫婆闭上眼睛，口中念念有词，两手掐掐算算后断言："你一定能上大学，不用怎么读书，定能取得理想的成绩，想上什么大学就上什么大学。"当进一步追问，用什么方法上大学时，巫婆的头摇得像"拨浪鼓"一样，"天机不可泄露，成功的方法全在这小袋里。"接着巫婆为他弄了一张符咒折叠好，用红绳子拴在一个小袋子，要他挂在心胸间，说这是致胜的法宝。巫婆还为他胡乱弄了些"神药""神水"让其服食。结果，他服食下去后，得了一场大病，但受到巫婆的驱使，他对高考成功深信不疑，不思进取，复习也停了下来。高考过后，他终因没认真复习功课，各科成绩考得一塌糊涂，名落孙山。这时，他才流下悔恨的泪水。

人要成功就得靠勤奋，靠奋斗靠智慧。要读书成才除了勤奋和科学的学习方法外，别无他法，怎能靠迷信呢？

青少年受过良好的教育，为了净化社会风气，也为了自己的健康成长，要自觉抵制和破除封建迷信陋习，大力宣传科学知识，为社会主义精神文明建设做贡献。

铺着鲜花的陷阱

唱歌跳舞，展示青春的倩影和活力，是青少年的爱好，也是他们的权利。但是，严禁中小学生进入营业性舞厅、酒吧和音乐茶座进行娱乐消费，只准在学校、青少宫、家庭等有组织管理地方开展歌咏、舞蹈等健康的文娱活动。如果青少年一旦涉足灯红酒绿的营业性舞厅、酒吧和音乐茶座，危害性极大。

首先，这些娱乐场所商业性太强，门票、吃的喝的贵得不得了，作为学生哪有这个消费能力？如果在没有经济条件的情况下进入这种场所活动，那肯定要出问题的。

再次，这种环境不是人声鼎沸就是喇叭音量让人受不了（起码有 120 分贝的音量），还有刺眼的舞台镭射追光灯。青少年长时间泡在里面对身心健康损害极大。

还有，这些场所有许多都是管理不严的，里面藏污纳垢，青少年进入这种场所很容易被迫或诱骗上当，踏上贼船。

更有，在一种醉生梦死，奢侈糜烂的生活气氛中很容易使思想脆弱的青少年堕落变质，滑向陷阱不能自拔。

青少年进入营业性舞厅、酒吧等娱乐场所，确实值得警惕。现在，在出没于歌舞厅的人群里，出现了一群群少男少女的身影。他们当中，有的是在校的中小学生，还有少数辍学少年。

他们为什么会到这些地方来了。由于天真幼稚，追求生活的流行色彩，自以为浪漫。他们初次上舞厅、酒吧等地方常由下面的情况引起：

1. 为某个同学的生日"开生日晚会"。

2. 庆祝毕业晚会。

3. 考试完毕，放假休息。

4. 为取得较好的考试成绩，或考取高一级学校而庆祝。

5. 结交新朋友，或什么"结拜兄弟""结拜姐妹"。

许多青少年一次涉足，往往不能自制，造成了可怕的后果。

豆蔻年华的青少年千万别迈入营业性舞厅、酒吧和音乐茶座，那将会后患无穷。那里会有铺着鲜花的陷阱，当心掉进去。

爱名惜誉护人格

人活在世上，金钱私利易得，名誉难求，人格是宝。

金钱是身外之物，一个人的名誉、人格则是内在精神品质的反映，它显示出个人品德修养的光辉。人的名誉和人格是不容诋毁和辱没的，自己也不能将其损害。成长中的青少年。在学校，在社会每取得一个好成绩，每做一件好事，每获得一个师生的好评，自己在师生，在群众，在家长心目中的良好形象是十分可贵的。我们应该像爱护自己的眼睛那样知名惜誉爱护人格。如果能这样，他就能自觉和自私自利的思想作斗争，就不会在利益问题上斤斤计较，就会更懂得为他人着想，大公无私地为人民服务。就拿金钱来说，应该淡化这种欲望，追求善美的品行。现在，我们青少年学生中，拾金不昧的人是很多的。一个好少年为了名誉和人格，他懂得不是自己的东西不拿，损人利己的事情不做，决不取不义之财。在路上拾到东西，他会自觉寻找失主，归还失主，那真正是为他人着想了，这种人品德是多么的高尚。

但是，有一个这样的故事，它从另一个方面给了我们值得记取的深刻教训。有一对年纪轻轻的姐妹，都是在校的好学生。一天，她俩在放学路上拾到一个沉甸甸的皮包。打开一看，里面有大量的现金。起初，这姐妹俩觉得这袋东西价值很大，失主丢了一定很焦急，应该送回给人家。如果这样做了，她俩有多么高尚。可是自私自利使他们心生贪念，认为自己拾到的东西。真是天上掉下的横财，可以归为己有。当她俩思想斗争激烈的时候，包中的手机响了。她俩吃惊起来，一时不知如何是好。不久，馊主意出来了，他俩想，反正这失主有的是钱，我们何不向他敲一杠？让他把现款留下，其余归还失主。于是她俩在电话里不断和失主讨价还价……最终，这姐妹被送进了派出所。

唉，这姐妹俩好糊涂呵，拾到巨款时还想到失主，现在却经不起金钱的利诱。变得自私和冷漠、不关心人，丧失了拾金不昧的精神，丢掉了一个好少年的名誉，严重损害了自己的人格。

所以，金钱、私利和名誉、人格，摆在面前的时候，品德高尚的人总是会十分爱惜后者的。

这里，我还想跟大家讲一个故事，讲的是山东省莒县寨里河乡唐家河水村村民唐家坤家中闯进一位素不相识的中年妇女。一进门，她就从口袋里掏出一沓钞票递给唐家坤："这是您的1000块钱，您数数看，够不够！"

唐家坤从未见过这位陌生人，也没借给他钱。但听着来者的叙述，泪水不由自主地溢满了他的双眼。

原来，8年前唐家坤凑了几百元钱准备做小买卖，到达150公里外的高密县城准备购货时，却发现兜里的475元货款丢了。

因为唐家坤跑了好多地方，钱到底在哪儿丢的他根本搞不清。他闷闷不乐地回家了。

这钱掉在高密县康庄镇三官庙村民盛金田门前的路上，盛金田拾到钱后，曾多次打听过失主，但毫无消息。这时，盛的女儿患重病，除去 475 元花了进去外，还欠了近 2000元。在那之后，盛金田听说唐家坤丢钱的事，但盛金田生活得挺紧巴，这 475 元钱像一块石头，沉甸甸地压在他的心上。直到今天。盛金田搞编织和种植大棚蔬菜，生活宽裕了，便请人按银行存款算了一下 475 元钱 8 年的利息，连本带息将钱托人还给唐家坤，同时还捎去一封信，表示自己的歉疚。

盛金田的妻子面对闻讯赶来的采访记者，动情地说："钱是好东西，俺也想要，可只要不是俺的，就不能要，如果这钱我要了，就损害了我的名誉，失去人格。"

这话说得多好啊，值得我们认真学习。

一切为了祖国的尊严

我们伟大的祖国屹立在世界的东方，我们伟大的民族傲立于世界民族之林，我们伟大的人民受到世界各国人民的尊重和热爱，祖国的国际威望日益提高。今天，我们祖国已经和世界上 120 多个国家和地区建立外交关系，与世界上绝大多次的国家和地区都有贸易往来。这样，祖国与

　　世界各国各民族的关系愈加密切，经济上、文化上与其他方面的交往、合作空前繁荣，因而，人民的相互往来日益增加，友谊不断加深，这是令人欣慰和鼓舞的。现在，许多国家的领导和人民不断前来我国参观访问，旅游观光。当我们遇见外宾的时候，应该怎样做才对呢？

　　我们应该时时处处维护祖国的尊严和荣誉，坚决不做有损国格和人格的事情，不说有损国格和人格的话，热情真诚，以礼相待。

　　许多外宾，他们的肤色、毛发、眼睛，身体特征与我们是有区别的。我们是黄色人种，而世界上其他地方还有黑色人种（主要分布在非洲、赤道地区和加勒比海地区），还有白色人种（主要分布在欧洲，北美、非洲南部和南亚地区）。还有棕色人种（主要分布在大洋洲）。他们的生活习惯，在吃、穿、住、行各方面与我们民族有所不同。遇到不同种族的外宾时，我们应热烈欢迎，不要好奇围观，更不要起哄，也不要胡乱打手势和飞吻。如遇问路，应热情耐心地指引，能说外语打招呼就说外语，要谈论问题最好还是谈论一些增进友谊的内容，对于国家政治、经济、军事方面的秘密决不能向他们泄露，这是维护国家利益和民族尊严的起码做法，否则，是违法犯罪行为。对外宾不能用外语交谈，那最好的办法，就是微笑点头，招手，给他们以亲近感，大方得体。还有，如果是偏远地区的孩子，遇上外宾来家乡访问参观，相互接近时，不要害怕、羞怯、躲避，或老是以奇异的眼光盯人。我们应该懂得世界各民族是平等、互相尊重的，所以在与外宾的接触交往中要做到不卑不亢，努力增进双方的了解，加强友谊。

某大城市，有个初中生在放学回家的路上，拾到一个皮包，打开一看，原来是一个外国人丢失的，里面有护照和其他重要证件，有大量美元现钞。面对巨大的财富，他不动心。他懂得失主现在很焦急，于是抱着那个皮包在原地等候失主的到来。等到天黑了也等不到，他便跑到公安局报案。碰巧失主也找到那里。当失主分文不少取回自己的东西时热泪盈眶，他赶紧拿出一沓钱递给这个拾金不昧的好少年，而我们这个高风亮节的中国少年婉言谢绝了。失主这时连连称赞中国少年了不起。这个中学生为祖国为人民增了光，为中外人民的友谊立了一大功。

遵守公德　严于律己

什么是社会公德

什么是社会公德？

人们在长期的社会公共生活中形成的必须共同遵守的行为规范和准则的总和。

社会公德的主要特点是：共同性，即为全体社会成员都应遵守的公共生活准则；群众性，有广泛的群众基础，对全体社会成员都是必要的；继承性，是人类在长期社会生活中逐渐形成并积累下来的；简易性，作为共同生活准则，执行起来并不复杂。

社会公德的主要内容是：维护公共秩序，遵守公共纪律，爱护公共卫生，敬老爱幼，礼貌待人，尊师爱生，互相帮助，团结友爱，见义勇为，拾金不昧，扶危济困，爱护公物，搞好环境保护，从大局出发等等。我国宪法把遵守社会公德作为公民的义务，以法律的形式确定下来。

中小学生常见的交通事故

有些青少年平时忽视交通规则，不注意交通安全，常常造成交通事故，或伤或亡，令人痛心惋惜，有些违反交通规则的行为必须引以为警惕，注意克服。

1. 急于回校或回家时，趁交通警察不在现场指挥，自以为街道两头无来车，擅自闯红灯，突遇来车，造成车祸。

2. 无视交通规则，不走斑马线，不靠右行，横跨街道护栏，突遇来车，躲避不及。

3. 三三两两在马路上闲逛，在街边玩游戏或互相追逐，互相推搡，忘乎所以，突然闯入路中央而被过往车辆撞倒。

4. 平时不辨认交通信号、标志、标线。其他车国内和行人没有违反交通规则，而自己违反交通规则却不知道，出了事故，自己受损失还不明不白。

5. 一些学校门口商场多，街道窄，车辆行人多，放学回校进出校门还互相交谈，忽视来往车辆和行人，结果常常发生交通事故。

6. "十字"街头，"丁字"街口容易发生交通事故。一些少年儿童过马路太紧张，东张西望，忽遇过往车辆增多，不知所措，受惊悸而不会避让车辆而出事。

7. 未到驾驶摩托车或骑自行车的年龄，无证驾驶摩托车载人兜风，大胆骑自行车穿巷过街，遇上突发事件，惶乱无计，刹车不及，撞车或撞人，酿成祸端。

8. 假日郊游，骑自行车或驾驶摩托车，单手扶把，互相搭肩，闹笑取乐。或开"英雄车"，互相追逐，超速行驶，造成碰撞，致使来往车辆躲避不及而闯祸。

9. 贪图方便，随意横过公路；或为避尘埃，不靠右行，突然遇上飞驰车辆躲避不及。

10. 候车乘车，不遵守公共秩序，争先恐后，车辆开动时仍拥挤上落；行车时，把头和手伸出窗外，遇上两车贴近相会或被树枝刺伤而酿成事故。

世界上，人的生命是最宝贵的，谁不爱惜？谁愿其意外伤亡？蝼蚁尚且贪生，何况人乎？爱惜生命，保护自己，实在是一种天职。所以，我们必须遵守交通规则。

要遵守交通安全规则

一、驾驶车辆，赶、骑牲畜，必须遵守右侧通行的原则。

二、车辆、行人必须各行其道。借道通行的车辆或者行应当让在其本道内行驶的车辆或行人优先通行。车辆、

行人必须在确保的原则下通行。

三、严格注意交通信号、交通标志和交通标线，服从交指挥。

四、遵守车辆驾驶规则。酒醉的人不准驾驶；丧失正常能力的残疾人不准驾驶（残疾人专用车除外）；未满 16 岁的人，不准在道路上赶畜力车；未满十二岁的儿童，不准在道路上骑单车、三轮车和推、拉人力车；驾驶和乘坐二轮和三轮摩托车必须戴安全头盔；二轮、侧三轮摩托车后座不准附载不满十二岁的儿童，轻便摩托车不准载人。

五、行人必须遵守下列规定：

1. 行人须在人行道上行走，没有人行道的靠路边行走。

2. 横过车道，须走人行横道。通过有交通信号控制的人行横道，须遵守信号的规定；通过没有交通信号控制的人行横道，须注意车辆，不准追逐、猛跑。没有人行横道的须直通过，不准在车辆临近时突然横穿。有人行过街天桥或地道的，须走人行过街天桥或地道。

3. 不准穿越、倚坐人行道、车道和铁路道口的护栏。

4. 不准在道路上扒车、追车、强行拦车或抛物击车。

5. 学龄前儿童在街道或公路上行走，须有成人带领。

6. 列队通行道路时，每行横列不准超过二人。儿童的队列须在人行道上行进，成年人的队列可以紧靠车行道右边行进。列队横过车道时，须从人行横道迅速通过；没有人行横道的，须直行通过；长列队伍在必要时，可以暂时中断通过。

六、乘车人必须遵守下列规定：

1. 乘坐公共汽车、电车和长途汽车时，要在站台或指定地点依次候车，待车停稳后，先下后上。

2. 不准在车行道上招呼出租车。

3. 不准携带易燃、易爆等危险物品乘坐公共汽车、电车、出租车和长途汽车。

4. 机动车行驶中，不准将身体任何部分伸出车外，不准跳车。

5. 乘坐货运机动车时，不准站立，不准坐在车厢栏板上。不准人货混载。

街巷踢球闯大祸

小勇是个足球迷。他上小学四年级的时候，就进了市少年体校足球班，在同龄的孩子中算得上是个"球王"。小勇实在太爱踢球了，见球不踢两下脚就痒痒的。他在体校里踢不够，放学回来。在马路上，在小巷里也踢起球来。

小勇的爸爸妈妈和邻里街坊都曾多次批评他，可他就是不听。

一天，小勇的爸爸接到老师的电话，让他去学校一趟。他来到学校才知道是小勇闯了祸。

原来，那天下午放学后，小勇约了一群小朋友在家门前的街巷里踢起足球来。这街巷虽不算热闹，但也人来人往，有时还有汽车驶过。小勇他们你一脚，我一脚，足球在街巷里飞来飞去，过路人怨声不绝，好几次，足球踢到汽车轮底下，司机不得不急刹车，好不惊险；有时，足球踢在骑自行车人的身上，骑车人因没有防备，连人带车摔倒在地上。小勇顾不得这些，越踢越起劲，忽地，他一脚凌空抽射，足球像离弦的箭疾飞而去，恰好打在街旁一户人家的玻璃窗上，玻璃碎了，扎伤了正在窗前看报纸的一位老大爷的额头，鲜血直流……

于是，这事被街坊告诉了学校。在办公室，老师严肃地教育小勇他们："你们在街道上踢球，不但会阻碍交通，而且还会有生命危险。"接着老师又对大家讲了治安管理处罚条例的有关内容，使小朋友们认识了在街道踢球的危害性。

这时，小勇的爸爸说："我们做父母的也有责任。"他立即带着小勇到受伤的老人家里去探望那老人家，并主动赔礼道歉，还赔偿了医药费。

设身处地，替他人着想

在这里，雷锋是我们的好榜样。有一次，他从沈阳回抚顺，在沈阳车站遇上一位老大娘吃力地背着行囊，雷锋主动为她背行李，扶她上车，上车后替她找了座位，自己一直站着。当他得知大娘是从山东到抚顺找儿子时，雷锋下火车后把自己的行李寄放在车站，领着大娘四处打听，终于找到了那个工厂。这件事虽然简单，但反映了雷锋全心全意为人民服务的伟大精神。有人说："雷锋出差一千里，好事做了一火车。"确实，雷锋做的好事难以列举。他在平凡的岗位上，做出了不平凡的事迹。

但是有一件事情令我们深思，这些年来，雷锋的故事少讲了。有一天，有位老师在课堂上讲了雷锋上述的故事，有些同学不以为然地笑着，这引起了老师深深的忧虑，他想狠狠地批评那些学生，但他控制住自己没那样做，而是精心策划，在班上编排了一出小品剧。使每个同学都轮换演"老、幼、病、残和孕妇，也让每个人都演雷锋。让他们进行角色转换，让同学们设身处地替他人着想，使他们懂得了老、幼、病、残和孕妇行动上各个方面都是极其不便的，他们是多么需要周围的人们给予关心和照顾。在那电车、汽车上，在那购物、购票的地方，那么多人拥挤不堪，假如你是有同情心的话，你会忍心看着他们在那里为座位，为购物、购票而苦苦相争吗？难道你作为一个年轻而强健的人主动为他（她）让座、找座位，主动为他（她）购票还不应该吗？但当你为他（她）们让座或购票，虽然是微不足道的事情，但也会让他（她）感觉到人间的温暖，激起他们生活的热情。这样，-全社会都会感谢你。

关心和照顾老、幼、病、残、孕妇和师长是我们的一条社会公德，在我们这个文明社会里应该蔚然成风。我们青少年应该以其衡量自己的公德心，你能时时处处做到这一点，你便是人民的好儿女，而你对上述的现象熟视无睹，甚至明知有老、幼、病、残和孕妇在排队购物、购票。你还拼命往里挤，或者与其争座位，你就是缺德，就是没有良心，愧对人民呀。

对师长也是一样。虽然老师和长辈的行动未必困难，未必急需帮助，但是我们作为学生，作为后辈应该十分敬重他们。因为我们能健康成长，能学到丰富的知识，掌握好本领，完全是靠他们悉心培育，社会的文明进步离不开他们的辛勤劳动，他们为我们的幸福生活付出太多了。师恩深似海，所以，他们太值得我们敬重了。为他们让路、让座是十分应该的。

社会生活，要讲秩序

公共秩序是指人们在共同社会生活中必须遵守的行为规范，包括社会秩序、生产秩序、工作秩序、教学科研秩序和人民群众生活秩序等。遵守公共秩序，既是宪法规定的公民的基本义务，又是最基本的社会公德。公民在车站、码头、民用航空站、商场、公园、影剧场、体育场馆等所有公共场所，必须遵守该活动场所的规章制度。我们能自觉遵守和维护公共秩序，既有利于形成和谐文明的社会环境，也体现了一个社会、一个国家的文明程度。

社会生活，讲秩序，就是讲究和遵守公共秩序。遵守公共秩序，是我们每个人都应有的责任。因为任何一个人都不是孤立存在的，每一个人的言行，都必然要影响到他人和社会。公共秩序是人们在公共场合形成的特定关系，是维护社会生活安定团结的一个重要条件，是社会正常生活所不可缺少的。只有大家都遵守公共秩序，才能保证社会生活的正常进行。

在一所学校，曾发生过这样一件事：一天，班上参与学校的歌咏演出比赛，同学们个个都在聚精会神地唱歌。这时，一位学生到门后取东西，手刚伸到门边，不防一位老师推门进来，将他的5个手指挤压在门和门框之间的缝隙里。这位学生虽然十分疼痛，却以惊人的毅力忍住了。继续和大家一起唱歌。演唱结束后，老师发现了他的手，大吃一惊：5个手指都被压得又红又肿。老师问他为什么不喊叫，他说：“当时您在伴奏，大家都在认真唱歌，我要是一喊叫，就会影响班上的秩序，影响同学们的演出。”这是多么可贵的精神，这位同学忍痛遵守公共秩序的行为，得到大家的一致赞扬。

其实，公共秩序的内容和范围非常广泛。例如，进影剧院看演出应保持安静，到图书馆、医院等场所不能高声喧哗，买票购物，乘车坐船要按顺序排队等候等等。在现实生活中，我们得常常到商场购物，这时候，我们不要老是以“顾客为上帝”做标榜，随心所欲，干扰商场营业的正常进行。购物时，态度要谦逊和蔼，说话要有礼貌，选择你所需要的商品应事先考虑好，尽量有备而来，以免耽误后面顾客购物。如果营业员在拿商品或找零钱时出了差错，应当面指出，并谅解对方。有些紧俏商品需排队购买，应自觉排队，千万不要争先恐后插队或代很多人一次购买，这会引起后面顾客的不满，引起商场秩序混乱。对营业员的优质服务应表示谢意，离开时说声再见，让双方都留下美好的印象。

总之，公共秩序是人们维护公共利益的需要，各种秩序不管是成文的还是不成文的，对我们每个人都是一种约束，要求我们自觉遵守，共同维护。

爱护公共设施和文物古迹

公共设施和文物古迹是国家财产和瑰宝，每个公民都有爱护的责任，不得随意损毁，故意破坏是要受法律制裁的。对公共设施和文物古迹是否爱护，反映了一个人的公德心和法制观念。一个遵守公德，严于律己，依法行事的人，他是绝对爱护公共设施和文物古迹，并敢于和那些损害公共设施和文物古迹的坏人坏事做斗争。

一些青少年对这些问题认识不足，爱护公共设施意识不强，常发生有意无意损毁公共设施的行为。有人随意投石掷烂路灯和广告牌，有人向电线上打鸟击断电线，有人贪玩弄坏电动排灌站的设备，有人在公园、公厕、车站、公共汽车上、电话亭上、邮筒上乱写乱画，有人故意用小刀等锋利物体划破公园、剧院、车站的公共座椅，有人被坏人利用，或自身贪小便宜偷盗电缆和电话线，危害国家和人民的利益，妨害安全，触犯刑律，这是极其严重的。

请注意，故意损毁公用电话、路灯、邮筒等公共设施的，如果情节较为轻微，也未造成严重后果，应按《治安管理处罚条例》第 25 条的规定，对行为人处 50 元以下罚款或警告。如行为后果严重或有其他恶劣情节，则应视具体情况，以流氓罪或破坏公共财物罪处以相应的刑罚。

我国的文物古迹，集中反映了祖国的古代文明的发展，是劳动人民世世代代创造的中华瑰宝。是劳动人民的血汗和智慧结晶。一座一幢，一件一块令我们中华儿女引以为骄傲和自豪。爱护文物古迹是每个公民尤其是每个游客的责任。青少年在旅游观光的时候更应该遵纪守法，眼看手勿动，真正爱护祖国的文物古迹。可是有些人并没有这样做，旅游过程中，所到之处，总留下斑驳污迹，在名胜古迹上乱写乱画，自以为留作纪念，实属不文明的耻辱行为，甚至是违法犯罪的。你应知道这样做会污染文物古迹的环境，加速文物古迹的风化剥落，危及它们的存在，使它们失去应有的欣赏价值和保存价值，情节严重者必将受到刑法惩罚。

请注意，这种行为情节较轻的属于违反《治案管理处罚条例》的行为，处 200 元以下罚款或者警告；如乱写乱刻画的行为情节恶劣、后果严重，就构成了破坏名胜古迹罪，应受到刑法处罚。

环保，当代的新公德

如果自然界没有花草树木，那将是可怕的荒漠。

校园里没有花草树木，那是不美丽的。

我们在家庭院子、阳台放上花草盆景，美化了的居室令人赏心悦目。

自然界的花草树木不但能使环境美丽，还因其能防风固沙，吸烟滞尘，改善环境，它对我们人类贡献甚大。所以，我们要保护环境，美化环境就应该从爱护花草树木开始。尤其是在城市，我们不能随便践踏草地、随便摘一朵鲜花、随便折一根树枝，一草一木，一花一卉对城市来说太重要了。

新加坡是世界上一座出了名的花园城市。你看，在阳光照耀下，整座城市就像一个巨大的花园，整齐的建筑物，整洁宽敞的街道，葱郁的树木，大片的草地，鲜花姹紫嫣红，仿佛那花园是建在一片绿色的海洋上。如果你踏足这片土地定会流连忘返。新加坡的美丽离不开新加坡人的环保意识，就算是小伙子结婚也要植树作纪念，整座城市见不到任何人践踏草地、摘花折木。

要使我们的城乡这样美丽，要使我们的校园也这样美丽，我们的公民，尤其是我们广大的青少年就必须具有环保意识。当然，增强环保意识还不只在爱护花草树木，也不能只局限在我们的周围。

作为一个社会公民，为了保护自然环境，不能乱砍滥伐树木，不能乱捕滥杀野生保护动物（要知道，如果地球上其他动物死光了，人类也不能继续生存下去！），不能向江河湖海乱抛垃圾，不能随意排放污水、废气、废渣，不能随地大小便，不能在公共场所吸烟，不能随地吐痰、乱丢杂物……总之，我们每一个公民，都应当确立起环保新公德，自觉地保护我们的公共生活环境和自然环境，使我们的环境变得更加美好，更加舒适，更加怡人。这不仅有利于人类的生存和发展，有利于人们的身心健康，也有利于自己的美好生活。

作为社会公德的一项基本要求，可以说，自觉履行环保公德，已是当今时代赋予我们每一个社会公民不可推卸的道德责任。

环保，是我们当代的新公德，让我们从爱护花草树木，保护动物和防治污染做起。

在影剧院里的正确做法

我们经常到影剧院欣赏音乐，看戏，看电影。在这样的环境里，大家最需要的是不受干扰，保持安静。所以，在影剧院里，大家要做到：

1. 依时到达，在电影放映，戏剧开演以前排队按顺序入场，对号入座。

2. 如果迟到，其他观众已经坐好，你的座位又在里面，应很有礼貌地请求别人给自己让道。不顾一切地挤进去是很失礼的。

3. 开演以后要立即肃静下来，正在与同学、朋友谈话的也要停止。

4. 在影剧院里，如遇见熟人，若隔着好几排座位，只需招手，点头致意。无需多说话。若遇到老师、老人、小孩找座位，应主动帮助，最好是请服务员带位。你呼我喊，来回走动，看似热情，其实失礼。

5. 观看演出过程中，大声说话、窃窃私语，卖弄自己熟知剧情、熟悉演员，不断讲话介绍，影响周围观众欣赏，是最令人反感的。

6. 演出进行中不退场，对剧情、或对演员不满意切勿喝倒彩、鼓倒掌、打呼哨、嘘声不断，那是对演员和周围观众的不尊重，坚决禁止。

7. 演出、放映结束，或中途遇上精彩表演场面，要用掌声表达自己对演员精彩表演的欣赏，同时也是尊重演员辛勤劳动的礼貌行为。

电影院里违规受罚

电影院里正在放映着影片，场内观众秩序井然，非常安静。

突然，从影院外面进来几个小伙子，前面的高个子边走边大声埋怨矮胖子："都怪你贪玩电子游戏，看，电影已放映半场了。"矮胖子说："没关系，这电影我已经看过了，前面的内容，我可以告诉你们。"服务员听到声音，急忙给他们找座位。

那几个小伙子刚坐下，便从口袋里拿出零食吃起来，还把瓜子壳、花生壳、糖果纸往地下扔。矮胖子边看边当"解说员"，高个子和另一个则边听边对电影评头品足。周围的观众受到他们的干扰，非常反感。有人小声对几个小伙子说："请你们安静点好吗?"他们目中无人，且大声说："你敢管老子?"并跳起来要打人。

几位服务员听到放映厅里吵闹得厉害，急忙走过来制止。为了维护影场秩序，几位保安人员把这几个滋事的小伙子带到办公室，严厉批评他们。指出他们刚才在电影院里的行为，扰乱了公共秩序，影响了观众看影片。还想动手打人，这是违法乱纪的现象。保卫人员拿出《中华人民共和国治安管理处罚条例》给他们看，这下子，他们就像蔫了的苗谢了下来。他们知道自己做错了事。

美好情操暖人心

我们生活在社会这个大家庭中，无论远近，无论亲疏，无论民族，能在一起就应该互相尊重，互相关心，无相爱护，互相帮助。人遇困难，我为解忧，人在我前，谦恭礼让。诚心诚意尊重外地人更显示出一个人崇高的品格。

有一个很平凡的故事，却蕴涵着美好情怀，讲的是南国都市的一位 14 岁少年热情为一个外地妇女带路。有一天，刘志华在放学路上，路过一个"十字"街头，忽见前面有一大群人围着一个外地的老婆婆说说笑笑。志华拨开人群，见有几位同学也在那里看热闹，便问起情况来："这婆婆怎么啦?"

"谁知道是哪方神仙哩,说话难听死了。"

"准是迷路的,管她呢。"

刘志华心中不是滋味,看了看几个同学,不满地批评他们:"人家外地婆婆迷路遇上困难了,你们还这样待人?"那几个同学不以为然,反而讥笑起志华来。志华心中一颤,脸上发烫,但很快镇静下来,当受到批评的那几个同学悻悻离开之际,他走近婆婆,问这问那,可是双方语言不通。那婆婆一急之下竟泪流满脸地哭了起来。志华却急中生智从书包拿出纸笑着写下一行字:"婆婆,你发生了什么事呢?"这婆婆眼前一亮,于是接过志华的笔写下了一行歪歪扭扭的字来:"我迷路了,我要找女儿。"

志华明白了,于是他十分热情地安慰着这个外地的婆婆,并找了一个地方让她坐下休息着,然后俨然婆孙俩一样在那里用笔交谈。不一会,志华便背起婆婆的背囊带着她穿巷过街去了。可是找了老半天,还是找不到婆婆女儿的家。志华转念一想,这样是不行的,得找民警叔叔帮助。于是他把婆婆安顿在一处便飞快到附近派出所找来民警叔叔为婆婆带路。当那婆婆找到了女儿家时,志华才回自己的家。

　　过了几天，那婆婆领着她女儿到学校找到了志华和校长，并当着校长和师生的面表扬了刘志华，还送来一面鲜艳的锦旗，上面写着："小雷锋，美好情操暖人心。"这时羞红了脸的刘志华一个劲地说："尊重外地人，给婆婆带带路，是一件微不足道的事情，这是我们应该做的。"

　　的确，这是一件很小的事情，可当时那么多人围观婆婆，还有人取笑她，但刘志华却没有那样做，而是十分同情她，关照她，为她带路，为她找民警叔叔，就是这种尊重外地人的行为闪耀着雷锋精神。然而，在今天，社会上不乏有些人对外地人不尊重，主要表现在：

　　1. 对外地人称呼不文明，叫人不呼姓名，不用尊称，而是称人家什么"北佬""广东佬"，甚至叫人家"洋人""鬼佬"，这是对他人人格的损害。

　　2. 买卖交易上不公平，对外地人有欺骗行为，对人家询问商品情况时不予理睬。

　　3. 外地人遇到困难，请求帮助，却视若不见。

　　4. 尾随围观外地人。

　　5. 讥讽外地人的生活习惯，不尊重人家的穿戴和饮食习惯。

　　6. 遇小矛盾不相让，歧视甚至追打外地人。

7. 遇外地人问路毫不热情，甚至指错让人家走冤枉路。

朋友，人在异地他乡，语言不通，什么都不熟悉。不了解情况，生活上，工作上一定会遇到很多不便和困难。可是"山水有相逢"，你我他（她），谁都有可能互为主客，都有可能成为"外地人"。有那么一天，你也遇上了上述的情况，你心里将会是什么滋味呢？其实，人与人之间不应该有隔阂，不应该有歧视和偏见，应该互相尊重。"四海之内皆兄弟"，"天下一家亲"。人，有事才出远门，或好事或急事，而离开家乡往往是孤独的，为什么我们不尊重他人，助其一臂之力呢？再则，对外地人的尊重，实际上是对自己形象的爱护。异地他乡，一个陌生人得到你的关照，得到你热情的指引，他会在心中记着你，他会把对你，对你家乡的美好印象，把那纯朴的民风带回家乡。这时，你对外人的尊重，热情好客已是为你、为家乡争了光。

尊重外地人，遇有问路，认真指引，这是我们民族的传统美德。让我们彼此尊重，热诚相待，美好的情操定能灸暖他人心灵。

请记住：在公共场所，我们有时会被陌生人拦住询问，这时，你态度一定要热情、友好，回答问话要耐心、细致。你的回答，可能会给陌生人带来帮助。切记不要不理睬对方、或迁怒陌生人，因为这都是没有教养的表现。

什么是见义勇为

见义勇为是一种大无畏的行为。这里所说的"义"，从大处讲，是指一切正义的事业；从小处讲，是指所有公正、合理而应该做的事情。这种"义"与那种是非不分、以个人恩怨为转移、"为朋友两肋插刀"的"江湖义气"是截然不同的。"勇为"是指在险境中挺身而出，敢作敢为，无所畏惧，甚至不惜献出自己的生命。

看到了正义的事情就奋勇去做。见义勇为是中华民族自古以来的优良传统，是规范人们行为的准则和美德。它要求我们对社会上出现的不良现象、错误的做法等要敢于批评，敢于斗争，抑制邪气，弘扬正气；遇到坏人坏事要及时向政府公安机关报告，防止给社会造成更大的破坏；主动帮助有困难的人和残疾人，在乘车乘船时主动给老弱病残让座；对同学遇到困难，不旁观，不嘲笑，及时帮助解决，对同学之间打架骂仗要敢于制止；看见国家、集体或他人财产受到损害时，要及时报告，并尽自己努力，减少损失。总之，对有利于国家、集体和社会的事，要勇敢去做，把它做好。

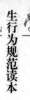

让我们见义勇为当英雄

"路遇不平，拔刀相助。"

"舍生忘死，见义勇为。"

这就是说，那些心地善良，有正义感，满腔热血，乐于助人的人们，即使在路上偶然遇上不公平的事情，就无论亲友还是陌生人，总能勇敢地站出来，主持道义和公正。为了真理和道义，可以忘却自己，把生死置之度外。自古以来人们已推崇和实行这种高尚的美德。见义勇为是人类优秀的品质和行为，它是人类情感和理智的高尚表现。这种人积德行善，具有博爱精神。他能对弱者怜爱之至，可以给予无私的援助，对强盗和无赖极为憎恨对正义的不容侵犯使他们自觉地跟坏人坏事作坚决的斗争。见义勇为者总是抛弃私心杂念，刚正不阿，总要弃恶扬善，锄奸扶忠；见义勇为者从来不旁观，不指手划脚，不优柔寡断，只要有需要就能挺身而出以自己的聪明才智去帮助别人，解困救危。

《水浒传》里描绘的鲁智深拳打镇关西的动人故事在我们中华民族世代相传。鲁智深对镇关西和受其欺侮的父女俩，素昧平生，但当他在酒店邂逅了无依无靠的卖唱父女俩，了解到镇关西欲强霸老汉的女儿并再三侮辱，他愤怒到了极点。他爱憎分明的正义之气凛然而生，不畏权势，挥拳怒打镇关西。当然，我们现在不提倡以武力对待一切，对那对些坏人、作奸犯科者要绳之以法。

中华民族的优秀儿女，见义勇为者数不胜数，有全心全意为人民服务的雷锋；有异国他乡勇救落在冰窟窿的朝鲜孩子的志愿军战士罗盛教；有扑向烈火奋不顾身保卫国家和人民生命财产的向秀丽；有抱走一团火拯救一车人的梁强；有为集体财产与坏人搏斗献身的少年英雄刘文学。他们都是见义勇为的英雄模范。

可是现在，社会上有些人缺乏正义感，对那些不良的现象熟视无睹，明知道有人违法犯罪，在破坏公共秩序，危害人民生命财产安全，此时，他们只是充当旁观者，不向公安机关报案，也不主持公道，不敢运用法律武器向他们作坚决的斗争，维护自身和人民的利益，表现得麻木不仁，丧失了起码的人性道义。这是和我们中华民族传统美德格格不入的，成长中的青少年应摒弃这种不良影响。在我们的同胞，我们的人民，我们的社会受到坏人恶人危害时，应无所畏惧，嫉恶如仇，跟他们作坚决的斗争。正义总是在具有美好人性的人们这边，止义永远战胜邪恶，只要你站出来主持道义和公正，人们就会成为你的后盾，并与你并肩战斗。

见义勇为的人多一个，社会就多一分安宁，人们的生活就多一分温馨，多一分美好。让我们都争当见义勇为的英雄吧。

遇到坏人坏事要见义勇为

面对坏人坏事，为伸张正义，为保护人民和国家财产，置个人安危于度外，挺身而出，见义勇为，是公民社会责任感的高度体现。如果大家明哲保身，自私怯弱，对坏人坏事不敢斗争，对弱小受害者不去救助，必然助长邪恶势力的嚣张气焰，结果也会祸及自身。相反，如果面对邪恶，大家都能挺身而出，见义勇为，邪气自然成不了气候。

为了在全社会倡导见义勇为的风气，全国各地都成立了以弘扬见义勇为精神、表彰奖励见义勇为先进人物的"见义勇为基金会"。中宣部、公安部、中华见义勇为基金会每两年对全国见义勇为先进人物联合表彰一次，给予精神和物质上的奖励。团中央还组织广大青年志愿者为见义勇为者及其家庭提供医疗保健、生活照顾等志愿服务。见义勇为先进人物受到全社会的尊重，因为他们维护了社会的公共利益。

见义勇为在我们的社会已日渐成风，相信青少年朋友在遇到坏人坏事的时候能挺身而出，英勇斗争。

勤劳俭朴，孝敬父母

生活要规律

人生的每一天都有许多事情等着做，但是我们不能够一下子全做完了，总有缓急轻重、难易、主次，还有顺序章法。想到什么干什么，遇到什么干什么，干了什么忘什么，忘了什么算什么，该睡的时候不睡，该学习时却打盹，肯定会使自己的学习、工作和生活搞得一团糟，造成不应有的损失。对于一个学生来说，刚刚步入人生，养成生活的良好习惯，做到有规律能按时作息是十分重要的。俗话说"三岁定一百"青少年时代不能逐渐养成生活有规律，将来麻烦了。许多青少年忽视了生活原有的规律性，随心所欲地学习、生活和工作，主要表现在：

1. 不按时作息，早上醒来，仍躺在床上，不愿离开被窝，晚上睡觉不准时，一般深夜了都不睡觉，或看电视或看书及做其他的。由于睡眠不足又影响了明天的生活，恶性循环。

2. 不重视饮食卫生，暴饮暴食，爱吃零食，用餐不准时，这不但影响一个人的生活作风，还严重影响身体健康。

3. 做事情总是习惯拖延时间，不能现在的事情马上做，总还想玩一下，总是等一会再说，该马上做的家务却往后拖，该马上完成的作业等明天做。这实质是懒惰作怪。世上懒人生活无规律，勤奋的人总把自己该做的事情安排得好好的。

4. 做事情心血来潮，情绪化。

5. 自以为不拘小节，做事情总是漫不经心，吊儿郎当。

6. 从来不在做事情之前进行充分的准备，粗心大意，没有学习计划，不注意工作方法。

7. 不服从上级或师长的指挥和安排，自作主张，缺乏组织纪律性，厌恶规章制度的约束，自由散漫。

8. 依赖性太强，自觉性太低，总是让父母老师吩咐、催促才去学习和处理生活上的事情。

你生活上是否形成了不良习惯，就请对照上述的几条特点自检一下，有则改之，无则加勉。有规律地学习和生活吧，你日后是有出息的。

严守生活规律的伟人

世上许多成功人士都严守生活的规律，养成良好的生活习惯。

富兰克林曾以他的美德修养影响着世界各民族的人民。这些美德是：节制、缄默、条理、果断、俭朴、勤奋、诚实、公正、适度、整洁、宁静、高雅和谦逊。他决心将这些美德培养成自己的习惯，他有一本小册子，在每一页上写一条美德。将每面分成一周七天，每天当他检查一天得失发现自己违反了当天的美德时，就在上画画上黑点。他为自己严格制定了一张作息时间表。

早上 5—8 点——醒后考虑今天要做哪些好事？然后起床、洗漱、祈祷，列出当天的工作并作出安排从事研究、早餐。

上午 8~12 点——工作。

中午 12~1 点——阅读或检查账目、午餐。

下午 2~6 点——工作。

晚上 6~10 点——整理东西，晚餐。音乐娱乐或聊天。检查一天得失。今天做了哪些好事？

10 点~明天 5 点——睡觉

的确，对照那些美德他发现自己显得有些不可救药。但通过努力，与对自己作出要求以前的那个他相比较，现在的他更完美，也更快活。他但愿后代能够知道，凭着这小小的方法去获得幸福。

为养成自己良好的道德修养，为自己的事业成功，你也学习富兰克林为自己制作一个作息时间表吧。并持之以恒地实践下去你也肯定会出类拔萃的。

德国哲学家康德是启蒙运动最重要的思想家，历史上最伟大的哲学家之一。然而他的体质是很虚弱的，但他长寿。有人问，康德体质虚弱，何以得享高龄呢？原因是，他有很好的生活规律，不论冬夏，他都5点钟起床，晚10点就寝；他的书房挂着一幅卢梭像，书房藏书不很多；每天早上就在那里喝两杯咖啡，就算是一顿早餐。7点钟以前做完工作，然后上大学授课。下午1点和同事们一起吃午餐。饭后不睡午觉，同朋友们谈天说地或做游戏。事实上这两种方式都能使他精神焕发。4点钟开始散步一个钟头（此时便是这位哲学家思如泉涌的时候，一些伟大的作品就是散步的时候形成腹稿的），散完步后到就寝的这段时间，进晚餐，读书和会客，他以每天睡七小时为养生和健康的基础，一生都严守这种生活的规律。尽管康德体质虚弱，却活到了80岁（当时德国人的平均寿命为40岁）。1804年，他喝下学生递给他最后一杯葡萄酒之后，只留下这么一句话："这就行了"，便与世长辞了。

的确，世上所有身体健康，高龄长寿者都是严守生活的规律，这里我们青少年还不可以得到启发吗？

生活规律性强的同学一般都能做到：

1. 按时作息，吃喝、睡眠、休息、娱乐、学习、工作都有时有候，环节性、步骤性很强。

2. 注重饮食卫生习惯，不嘴馋，不占小便宜，按时用餐。

3. 时间观念强，从不拖沓，不浪费时间，总是抓紧时间完成自己的学习和工作任务，每天都很勤奋。

4. 做事情沉着冷静，遵循事物的发展规律办事。

5. 凡事从我做起，一定做好，从小做起，小心谨慎，认真负责，该做的事情，决不马虎，总把事情做得最好，干净利索。

6. 善于做学习计划和工作计划，并能在完成计划后，做好总结，善始善终。

7. 听从老师和家长的教导，遵守纪律，服从管理。

8. 自觉自律，日常的学习，生活安排心中有数，不用别人提醒。

自己能做的事自己做

俗语说得好："民生在勤，人贵自立。"我们应该从小在生活上尽量不依赖父母和其他人，自己能做的事自己做，自己未能做的事学着做，自己不能做的事与人一起做。一个人不会关心自己的生活，不能料理自己的生活，又怎能关心人、爱护人、帮助人？所以，青少年首先要学会照顾自己，特别是独生子女从小要养成爱劳动的习惯。在日常生活中，凡是力所能及的事，要尽量自己动手，要真正成为家庭一员，有帮助爷爷奶奶、爸爸妈妈干活的责任。要学着做家务，做好家务，自己穿衣、洗脸、洗脚，自己的事自己动手。长大后，就知道帮助大人扫地、抹桌椅等。到了高小和中学的时候。更应懂得从下面的一些方面处理好自己的"内务"：

1. 自己的房间自己动手布置，力求清洁整齐，起床后蚊帐要挂好，叠齐被子。换洗的衣服要放好，不得随地乱扔，鞋袜整齐摆放在床前，起床后便于穿着。

2. 书桌要摆放在通风透光处，最好靠近窗户，并经常开窗，让室内空气流通。桌面上的课本、参考书、作业本要分别放好，以便用的时候容易找到。笔墨应有专门的箱子或盒子放置，做到方便好用。

3. 房内布置不用太讲究，尽量朴素大方，最好挂上一把温度计，每天起床时注意天气的冷暖变化，好加减衣服，摆上一个小闹钟，经常提醒自己依时作息。

4. 讲究卫生习惯，漱洗、冲凉自己来，脏衣服自己洗，不能让你父母督促才干。

5. 自己要学习做饭炒菜，并能做得饭热菜香，一切力所能及的家务事，自己都会做。

但是，许多中小学生在料理自己的生活方面，行为是极不规范的：自己的房间布置得乱七八糟，东西随意摆放，从不挂蚊帐或叠被子，脏衣服脏鞋袜随处乱扔。进入其房间，汗味臭气让人不好受。早上上学四处找鞋袜，晚上做作业到处找笔墨书本和练习簿。从来没有卫生习惯，不漱口刷牙也不洗脸，蓬头垢面，饭来张口，衣来伸手。

美国有个大富豪，家中有用不完的钱，也请了几个佣人。但是他对儿子的要求是极其严格的，孩子还小的时候就培养他的独立意识。孩子还只有 9 岁那年就让他到邮局找了个差事，帮邻居送邮件、报纸，赚到钱用以缴学费和当为零用。自己生活上的一切都是自己照顾和处理，不能让佣人帮，并且还分配适当的家务劳动，务必完成。他这样用心良苦，目的是防止孩子养尊处优，日后坐吃山空，及早培养孩子自立自强的思想意识，从小就勤劳俭朴，这样长大了才有出息。

勇敢走自己的路

有这样一个童话故事，讲熊妈妈是怎样在小熊崽出生后几个月时教它们生活的。熊妈妈教熊崽们觅食、逮鱼或爬树，教它们遇到危险时保护自己。终于有一天，熊妈妈本能地决定该离开它的孩子们了，它强迫熊崽们都爬到树上，然后头也不回地走了，永远地走了！熊崽们从此要独立生活了，要自己跟困难和敌人作斗争了。这个故事确也值得我们现在的青少年借鉴。

社会的进步，家庭环境条件的不断优越，使得现在的青少年如在襁褓中一般无忧无虑地长大。特别是独生子女往往在万般溺爱中成长，许多小孩子被称作"小皇帝"，在家中大人们对他百依百顺，而"小皇帝"只饭来张口衣来伸手，甚至口也不张手也不伸，骄横任性。但一当离开家庭离开父母，他们生活不能自理，六神无主，心里恐慌。生活上的娇生惯养使依赖的不良心理以各种方式渗透在青少年的成长过程中，致使一些青少年的心理很难独立。严重阻碍着他们的健康成长。

在我们人情味颇浓的中国家庭对孩子们的呵护关心，真是无微不至，而在这种优越环境中产生的依赖心理使你在该独立的年龄却未能独立，慢慢地你将变成一个意志和情感都极为脆弱的人，变成一个现代奴隶。由于这种依赖的习惯使你在你所需要的人离开了你时，你必然会陷入精神崩溃甚至绝望的痛苦之中。有的青少年上了高中还不会自己洗衣服，有个 17 岁的中学生居然连熟鸡蛋都不会剥，有的学生不知道大米是怎样来的，真是四体不勤，五谷不分。这样的情形怎不令人担忧？有个同学，他家相当富有。他自幼过着"襁褓"式的生活，后来上了大学，母亲还请佣人帮他料理生活。他的父母相继过世，他一下子失去了可依赖的人，就好像缠在大树上的蔓藤，失去了可以依附的大树，就只能趴在地上再也站不起来。而他成天沉浸在悲痛中一筹莫展，最终跳楼自杀，这难道不可悲吗？

而你在青少年时期，就勇敢地选择自主和独立，那将是非常明智的选择。你可以在这时期深入掌握知识，学会生存和生活的本领，培养自己高尚的道德情操，做到有主见，有谋略，有胆识，有自信心。这样。你在往后的人生岁月对事业，对生活都能应付自如，在困危和厄运降临时能从容不迫，百折不挠走向胜利，或许你现在还年轻，非常害怕冲破依赖关系，但如果你问问在生活上和思想上都依赖的人，你就会惊奇地发现，他们最钦佩的，正是那些敢于独立行事而成大器的人。你要是学会独立，别人就会尊重你，特别是那些拼命呵护你的亲人们。

独立吧，勇敢地走自己的路。这样，你才会到达光明的顶峰。

十指不沾水，刀割指头手烧伤

我们一天天长大，始终要挑起生活的担子，始终要料理家庭，要做家务事情，所以要从小养成做家务的习惯，否则吃亏的是自己。

天津市一少年因一次家务劳动，身体多处受伤。那天，也被送至医院救治。

他正在上高中一年级，平时埋头刻苦读书，学习成绩优异，但在家中从来都是"十指不沾水"，饭来张口，衣来伸手，没做过家务，其父母也为保证孩子有充分时间学习，平时不让其干一点活儿。适逢那天其母突然有事，中午没回家做饭，他放学回家后饥饿难忍，但又不知如何下手做饭。万般无奈，他便学着母亲的样子，想煮碗面条吃，便先拿起菜刀切白菜，刚切第二下，便将左手中指切了个口，鲜血直流。接着他又一连划了十几根火柴才将煤气炉点着，在放锅时，右手腕被火燎。当甩动被烧伤的手臂时，不小心又将铁锅碰掉在地上，锅砸在双脚面上，水洒了一地。当他用拖把擦地时，脚下一滑，跌在地板上，疼痛使他站不起身。后被家人送往医院，经外科检查诊断，除左手中指伤、右手腕 II 度烧伤外，双脚面软组织损伤淤血，并有尾骨骨折。

这样的教训还不深刻吗？的确，青少年在日常生活中应主动承担收拾房间，洗衣、做饭、洗刷餐具等力所能及的家务劳动和其他劳动。一方面减轻你父母的劳动，是爱父母的表现，另一方面也从中学会基本的生活技能，对自己日后创造美好的生活受益无穷。

以俭为荣，以奢为耻

我们中华民族是一个勤劳节俭的民族，历来提倡节俭，反对奢侈，奖勤罚懒。所以人们都是以俭为荣，以奢为耻。勤俭持家者终将发家致富，好吃懒做，挥霍无度的败家子一定落得可悲的下场。历史上隋炀帝就是在骄奢淫逸、吃喝玩乐中把隋朝的江山葬送掉了。又如法国著名作家大仲马是当时的多产作家，一跃而为大富翁，但他挥霍无度，入不敷出，坐吃山空，以至晚年过着穷困潦倒的生活。难道还不值得我们借鉴？

今天，随着经济的发展，人们的生活比以前好起来了，有些同学却不懂得艰苦奋斗，不懂得勤俭节约，生活上讲排场、摆阔气，追时髦，花钱如流水。有的同学生活上的花销远远超出家庭的经济条件。无理向父母提出过分要求，令父母不堪重负。青少年中的奢侈现象表现在：

1. 有些同学为祝贺生日，或祝贺自己考试取得好成绩便到宾馆、舞厅去请同学吃饭、唱歌、跳舞，一次花费几百元，甚至上千元也不在乎。

2. 升学或转学都要宴请。

3. 结交新朋友，甚至什么"结拜兄弟""结拜姐妹"都要庆祝，都要送礼。

4. 追求时髦，贪慕虚荣，爱打扮，或买高级衫裤、高级球鞋之类（买一双球鞋几百元），同学之间互相攀比。

5. 过多的远足旅行和进行郊游活动。

6. 玩电子游戏机甚至赌博。

上述这些现象多发生在城市一些学生当中，虽不普遍，但必须让所有的青少年引以为戒。

成由勤俭，败由奢

"以俭立名，以侈自败"。这是司马光在给他儿子司马康的一封教学俭约的著名家信中说的。在这封信中，司马光谈到自己出身穷苦，不喜欢豪华奢侈。当大官后。尽管许多人都以奢侈浪费为荣，而他却认为节俭朴素才算美。尽管别人笑他顽固，但他却不认为这是他的缺点。他很赞赏孔子下面的话：

"一个人因为俭约犯过失的事是很少见的。"

"读书人有志于追求真理，却又以吃粗粮穿破衣为耻辱，这种人是不值得和他讲学问的。"

司马光由此总结：可见，古人是以俭约为美德的。接着司马光对当时愈来愈奢侈的社会风气提出了尖锐的批评，并告诫儿子说："风俗坏到这种程度，我们虽然禁不了它，难道还忍心去助长它吗?"司马光还引用了历史上一些名人对某些规律性现象的说明来告诫儿子。如春秋时期鲁国大夫御孙的话："俭朴是所有德行共有的品质，奢侈是一种最大的罪恶。"宋真宗时的宰相张知白的话："由节俭走向奢侈很容易，由奢侈走向节俭就难了。"同这些观点相呼应，司马光提出了自己的精辟见解："以俭立名，以侈自败。"

他举了历史上七件事例加以说明：春秋时宋国上卿正考父生活节俭，家风不绝，后代出了孔子这样的伟人；鲁国大夫季孙行父，连续三朝执政，但妻妾没有穿过丝绸衣服等，家里的马没有用粮食喂过；卫国的公叔文子，晋朝的何曾、石崇，宋朝的寇准等人，生活十分豪华奢侈，子孙照样这么干，结果或者很快破落、贫穷下去或被杀，或者逃亡。司马光举以上例子，是为了向儿子说明，"以俭立名，以侈自败"是一种规律性的现象，希望他和他的子孙都能引以为训，继承俭朴家风。

以俭立名，以奢自败，历来如此。这是因为节俭的人私欲少，能够奉公守法，正直行事，处事谨慎，多贡献，少索取，为国为民多做好事，因而能确立好名声，垂名青史；奢侈的人满脑子私欲，为官就会以权谋私，贪赃枉法，以致身败名裂，为民就会不惜一切手段攫取钱财，又滥用钱财，以致丧身败家。

历史上的和现实中的正反两方面的无数经验教训都提醒我们：成由勤俭，败由奢。

父母恩，深似海

最爱孩子的是父母，孩子也最爱父母，这种美好的感情与生俱来。父母为养育儿女，饱受无数的折磨，有的贫穷人家，做父母的简直就是用血泪去培养儿女。儿女一天天长大，但他们却一天天衰老了，然而他们对儿女的希望永远也不会泯灭，他们每一天都要跟孩子说心里话，或教诲，或嘱咐，或期望，总是对孩子放心不下，而他们又每天都想听听孩子的心声，哪怕是不愉快的话语，他们都想听听。从父母和儿女之间的感情上说，儿女和父母应不断谈心，加强感情和思想的交流。很小的时候，父母对儿女有说不完的话语，当你们渐渐长大了，就应该经常主动向父母反映自己的一切，这是尊重父母的最起码的要求。

父母是孩子的第一任教师，他们最早对儿女言传身教。也们的人生阅历，学习和工作经验，知识水平是较高的，当然有一天你会超过他们，但当你们还只是中小学生时，你虚心向他学习，恭敬请教，他们不但会倾尽全力帮助你，还会感到无比的骄傲和自豪。即使父母文化水平低，而他们饱经风霜，历尽沧桑，一定能在人生经验上成为你的"良师益友"。无论如何，孩子是应该尊重父母意见的。当然为人父母也有不足，那也只能以尊重父母为前提创造家庭的民主氛围。

一个具有民主气氛的家庭是最幸福的。所以，一家子人互相尊重，互相鼓励或批评都能对少年一代的成长产生良好的影响。孩子们应该把自己在学校或在社会上遇到的问题，或自己有什么见解都带到家中和父母一起分析研究，以商量的口吻和父母或长辈交流思想和学习是一种难能可贵的美德。

做儿女的，要自觉摒除万事都依赖家长的行为，但你做任何一件事，行动之前都要把自己的想法甚至计划告诉父母，他们或赞同或反对，总会有个正确的见解。即使某方面不对，你也不能动辄发脾气，撒娇撒野的孩子会使父母伤心的，遇上矛盾，你怎么不与他们好好沟通以后再行动呢？主动跟父母沟通，会增加父母与子女的感情。

做儿女的千万不要做"小皇帝"，不需要溺爱，更不要凌驾在父母之上，稍不满足就暴跳如雷，视父母为牛马，此等儿女最是无礼和愚蠢。

随着青春的来临，许多生活上的困难，许多难以启齿的生理问题，你最好还是大胆地跟父母说出来，他会耐心地教导你应该怎样去做，大胆些吧，父母会无微不至地关爱你的，因为他们曾经有过你的今天。

不要借口学习忙呀，找时间好好跟父母聊聊，并深情地说声：爸爸妈妈，感谢您。

的确，父母恩深似海，懂得这点，你在家就会做个好孩子，在学校会做个好学生，在社会就会做个好公民。

孝敬长辈，体贴父母

"体贴帮助父母，尊敬祖父母、外祖父母，关心照顾长辈和兄弟姐妹。"这是我国的一种传统美德在青少年品德养成中的反映。由于社会的复杂，学校、家庭的育人的不平衡性，有些青少年并未一开始就懂得这些，甚至形成不良习惯，突出了他们对父辈天生的依赖性，而忽视了对他们的体贴、尊敬、关心和照顾。这种现象的存在是很普遍的，主要表现为：

1. "饭来张口，衣来伸手。"过分依赖父母、长辈，表现出极其懒惰。

2. 骄横任性，父母、长辈稍有不从就大发脾气，与他们对抗，认为他们对自己的"服务"理所应当。

3. 对父母、长辈的艰辛劳作和病痛表现出冷漠，毫不关心。不做家务，厌恶劳动。

4. 做"小皇帝"，不把父母、长辈，特别是祖父母、外祖父母放在眼内，认为他们老了无用了，呼喝他们，盛气凌人。

5. 认为父母、长辈对其教育是唠叨哆嗦，对父母长辈的批评或嘱咐总是不在乎地回答："行了"，"不用管了"，

"算了"。听父辈们谈话，表现出极大的不耐烦，甚至悻然离开。

6. 对兄弟姐妹有困难不关心不帮助，只顾自己的利益，甚至命令他们为自己做事情，让他们代替自己做家务。

对照一下，如果你沾染着上述的不良习惯，你就应迅速改正，否则对自己的健康成长危害极大。

体贴帮助父母是儿女的责任。体贴帮助父母还在于不但要为父母分担忧愁，还要为父母减轻劳作等压力。父母养育儿女千辛万苦，儿女一天天长大，有能力了就应该体贴和帮助他们，这是理所当然的。古代木兰从军的故事令人感动，她不忍年老的父亲征战疆场。便女扮男装，替父从军，这故事在我国人民中有口皆碑。的确，为人儿女要时时处处替父母着想，特别是无论能力大小都应养成爱劳动的习惯，在日常生活中，凡是力所能及的事要尽量帮助父母，要自己动手。还应该自觉帮助爷爷奶奶干活，甚至抽空到姥姥家中替他们老人家做家务，增进感情，填平代沟。即使有些工作不易做也要学着做好。吃饭、穿衣、洗脸、洗脚，必须从小开始自己动手，连这一点都做不到，那将是一个"废人"。长大一点还应帮助父母把家务大小做得井井有条，令人夸奖。你应当自觉替爸妈煮饭、洗衣、拖地板、抹桌椅，到了中学阶段还应该利用假日为家里买米、买煤、交电费、水费，甚至学会修理破烂的家具，真正成为爸妈的好帮手。

农村的青少年放学或放假在家还应帮父母干农活，不应该怕脏怕苦怕累。在帮助父母收割、浇地等劳动过程中，你会体会到父母劳作的艰辛，你还会更深一层体会到"一粥一饭""一丝一缕"来之不易，从而更珍惜。参加家中劳动可锻炼意志毅力，又能加深对他们的感情，更热爱他们。

有个6岁的小女孩，他家住六楼。爸爸不在人世，母女相依为命，日子过得艰难。小女孩自小就知道疼爱妈妈，能干的事都要做好，还争着帮妈妈做事情。有一天，妈妈终于病倒在床上，小小的女儿咬着牙关做一切家务。饭煮糊了，又哭着做一次，做好了便把饭菜端到妈妈床前。家中没米了，就自己尝试着用一小斗车到附近粮店买一点，自己一步一步拖上楼回家做饭给妈妈吃，一次两次，卖米的阿姨怀疑这小女孩为什么这么小就帮助父母干活，就主动为他把米袋子杠上楼去，当得知小女孩这么懂事这么体贴母亲时，人人都感动得落下了滚热的泪水。这才是妈妈的好女儿呵。